세상에서 가장 재미있는

# 세계사

## 4

# 세상에서 가장 재미있는
# 세계사

래리 고닉 글·그림 | 이희재 옮김

4

**콜럼버스에서 미국혁명까지**

**THE CARTOON HISTORY OF THE MODERN WORLD I**

궁리 KungRee

CONTENTS

## 4. 헤쳐모여! 158

## 5. "이치가 그렇잖아!" 208

## 1권 | 빅뱅에서 알렉산드로스 대왕까지

1. 우주 삼라만상이 열리던 날 | 2. 인간, 막대기와 짱돌을 사용하다 |
3. 깊은 강, 문명을 낳다 | 4. 구약 시대, 서양 정신의 뿌리 |
5. 그리스, 신화와 전설이 들려주는 역사 | 6. 지중해와 오리엔트의 한판 승부 |
7. 아테네 민주주의의 모든 것

## 2권 | 중국의 여명에서 로마의 황혼까지

1. 인도, 모두 모두 신성하다 | 2. 수신제가치국평천하의 나라 |
3. 동아시아 대륙 막강패자의 탄생 | 4. 영원한 제국 로마 이야기 |
5. 기원전, 그리스도, 기원후 | 6. 동서 대제국들의 균열

## 3권 | 이슬람에서 르네상스까지

1. 아랍에 내린 신의 계시, 이슬람 | 2. 아프리카, 다양성의 보고 |
3. 대륙을 누비는 사람들 | 4. 천년 왕국 비잔틴 |
5. 십자군의 이름으로! | 6. 암흑 속에 핀 꽃의 도시

## 5권 | 바스티유에서 바그다드까지

1. 총, 황금, 선의 | 2. 자유무역 | 3. 근대란 무엇인고
4. 밝은 빛 | 5. 계몽의 끝?

# ·INTRODUCTION·

# 1 세계 전쟁, 문명을 파괴하다

얼마 안 가서 또는 더 가서 이들의
자손이 남북 아메리카로 퍼지면서
뿌리에서 떨어져나갔다.
우리가 여기 온 지 얼마나 됐지?
억만 년도 더 됐지 아마. 그냥 통밥으로 말하는 거니까 태클 걸지 마셔!

여기저기서 사람들은 야생 작물을
개량하고 농사짓는 법을 익혔다.
감자, 후추, 호박, 토마토, 옥수수,
초콜릿은 모두 아메리카가 원산지다.

농사를 지으면 남는 곡식이 생긴다.
곧 식량과 재물이 쌓인다.
세상에서 가장 생산성이 높은 작물 옥수수.

농사를 지으면 인구도 늘어난다.
왜 그러는데 자기야.
한 마지기에서 나오는 식량이 늘어나면 그만큼 더 많은 사람을 먹여 살릴 수 있어요. 사람이 많아지면 농사도 더 크게 지을 수 있고… 우리 농사꾼들은 대가족이 좋아요. 일손이 필요하거든. 반면에 수렵 채집 생활을 하는 사람들은 가족 수를 제한해요. 알겠죠?
우린 지금 굉장히 뜻 깊은 일을 하는 거구나!
서력기원이 시작될 무렵, 테오티후아칸이라는 도시에만 10만 명이 넘게 살았다.
여보야, 집중이 잘 안 된다!
인구가 늘어나면 사람들이 분업을 해요. 정부도 생겨나고.
그만! 뚝! 집중이 안 돼요!
테오티후아칸에는 왕, 제관, 평민이 살았다. 군인, 상인, 도공, 방직공, 깃털쟁이, 법, 달력, 건축…
요컨대 문명이 있었다!

마야족은 가장 수준 높은 예술, 과학, 문자를 가졌다. 마야족의 수리천문학자는 자리수 개념과 0에 해당하는 기호가 있는 수학을 만들어냈다. 달력은 거의 완벽했다. 글자도 매우 발달했다.

아메리카 원주민은
대부분 사람의
피에 집착한다는
공통점이 있었다.

제물로 바쳐진 사람의
시신은 썰어서 먹었다.
멕시코에서는 단백질
공급원의 하나였다.
그래도 이런 끔찍한
식인 풍습에 반기를 든
마음 여린 사람이 한 명
있었으니, 바로 툴라의
제관 케트살코아틀이었다.

잠깐!
케트살코아틀은
신의 이름이기도 했다.
이 제관 이름도
거기서 따왔다.

케트살코아틀은 톨텍족이었는데 톨텍족은 1100년대와 1200년대에 중부 멕시코를 다스렸다.
피를 좋아하는 신들과 이들을 먹여 살리는 제관은 어김없이 있었다. 케트살코아틀은 여기에 반기를 들고
나비만 제물로 바치는 좀더 영적인 종교를 설파했다.

결국 제관과 정육점 주인이 들고일어나서, 그리고 어쩌면 나비까지 가세해서, 케트살코아틀을 도시에서 몰아냈다.
케트살코아틀은 동쪽으로 가서 다시는 돌아오지 않았다.

잠깐!
나비는 전쟁 포로를 에둘러 부르던 말이기도 하다.
그러니까 케트살코아틀이 정말로 나비를 제물로
바치자고 한 것인지 아니면 전쟁 포로를 제물로
바치자고 한 것인지는 아리송하다.

법질서가 무너지니까 사람들은 안전한 곳을 찾아서 또는
약탈할 곳을 찾아서 또는 겸사겸사해서 세상을 떠돌았다.
아스텍 사람들도 고향 아스틀란을 등졌다.
그들은 이름도 멕시카로 바꾸었다.
이 말이 무슨 뜻인지는
당시나 지금이나 아무도 모른다.

멕시카족은 쿨루아칸까지 흘러가서, 먼저 정착했던 톨텍 유민과 합류했다.
우리가 모시는 신들께서 여러분의 문명을 지키고 야만인을 먹는 데 도움을 주시겠답니다!
어서 옵쇼!
톨텍 사람은 뻐대 있는 귀족이었기 때문에 멕시카 사람은 톨텍 집안과 결혼을 하면 자랑스러워했다. 하지만 톨텍 쪽에서는 이것을 못마땅하게 여겼다.
멕시카 쪽도 은근히 기분이 나빠졌다. 그래서 무언가를 요구하기로 했다. 그들은 멕시카를 무시하는 한 톨텍 사람에게 딸을 달라고 했다.
우리한테 나쁜 감정 품은 거 없죠? 그러니까 아저씨의 피붙이, 살붙이를 저희한테 기꺼이 주실 수 있는 거죠, 그쵸?
그쵸?
그쵸?
말하자면 충성도를 알아보겠다는 것이었다. 톨텍 사람은 군소리 없이 딸을 내주었다.
'피'라는 단어를 왜 유난히 강조했을꼬?
처녀가 도착하자 멕시카의 제관은 바로 목을 졸라 죽이고 가죽을 벗겼다. 그리고 자기 가죽을 벗겨서 사람들한테 식량으로 주고 멕시카족이 떠받들던 시페 토텍 신 제전에서, 그 처녀의 가죽을 옷으로 입었다.
아버지는 딸을 알아보았다. 톨텍족은 모두 무기를 들고 일어나서 멕시카족을 쿨루아칸에서 몰아냈다.
다른 데 가서 인륜이 뭔지를 좀 배워라!

멕시카족은 다시 떠돌이 신세가 되었다. 어디서나 퇴짜를 맞았다. 결국 중부 멕시코의 커다란 호수 안에 있던 섬까지 밀려갔다. 온통 뻘에다 갈대만 무성한 것이 땅은 질고 모기떼만 득시글거리던 고향 아스틀란과 비슷했다. 추장 테노치(선인장)는 여기가 뿌리내릴 터전이라는 뜻의 춤을 추었다.
부리에 뱀을 물고 선인장 위에 앉은 독수리리라!
암호 같은데!
이 진창이 우리 집이란 뜻?
내가 미쳐…
결국 그들은 1328년경 테노치티틀란이라는 도시를 세웠다. 선인장 열매가 있는 땅이란 뜻이었다.♪
아스텍 달력은 세월의 한 바퀴를 52년으로 보았다. 이것은 다시 네 개의 '집'으로 나뉘는데 집 하나가 13년씩 차지한다. 트럼프가 무늬별로 13장씩 4조 있는 것과 같다.
한 번의 주기가 끝나면 불이란 불은 다 껐다. 아스텍 세계는 암흑천지로 바뀌었다. 세상의 종말이 왔다고 다들 생각했다!
제관들 주특기라는 게 툭하면 사람들한테 겁주는 거 아니던가?
쉿! 삐딱한 생각을 하면 세상이 정말 망한다니까!
얼마 뒤 제관들은 신전에서 화톳불을 피웠다. 아무튼 세상은 52년 더 굴러간다는 뜻이었다!
사람들은 풀어줄 땐 풀어줘야지, 너무 몰아세우기만 해도 안 돼!

그래서 콧대 높은 멕시카족은 그곳에 눌러살면서
개구리도 팔고 오리도 팔고 물가의 지렁이를 말린
고단백 영양식도 팔면서 먹고살았다.

테소소목은 아스텍족에게 특혜를 베풀기 시작했다.
세금도 깎아주고 선물도 주고 심지어는
딸 하나를 시집보내기도 했다.
아비가 충고 한 마디 하마.
피부 조심하세요.

테소소목은 오래 살았다. 그가 세운 테파넥 제국은 사방으로
뻗어나갔고 테노치티틀란도 잘나갔다. 싸움으로 잔뼈가
굵은 멕시카의 전사들도 제국의 야망을 키웠다.
이제부터 싸움은
재네들한테 시켜봐?
글쎄올시다, 아우님
한번 두고 보자구요.
으쓱으쓱!

1426년 멕시카족은 연로한 왕을 처음으로 몰아세웠다.
무언가를 요구하고 나선 것이다.
본토에서 우리가 사는 도시까지 수로를 뚫어서
물을 끌어오려고 하는데 허락해주시겠습니까?
그러자면 인부 수천 명이 필요한데 보내주시겠습니까?
자재와 식량도 모두 공급해주시겠습니까?
어이구!
얼마나 많은 은혜를 베풀었는데
일개 백성이 무엄하게 그런 요구를
한단 말인가? 왕은 어처구니없어
하다가 죽었다.
내가 괴물을 키웠구나,
아들아! 아비를
용서해다오!
어렵겠는데요.
이렇게 해서 멕시카족의
시대가 열렸다.

반란을 이끈 것은 3인의 멕시카 장수였다. 틀라카엘렐은 주모자였고, 몬테수마는 장차 황제가 될 장수였으며, 이트스코아텔은 당시 테노치티틀란의 왕이었다.
사람들과 상의도 하지 않고 틀라카엘렐은 테파넥의 수도로 가서 전쟁을 선포했다.
집으로 돌아와 보니 난리가 났다.
미쳤어?
싸우자고 주장하던 주전파는 동요하는 아스텍 사람들에게 제안을 했다.
반란이 실패로 돌아가면 싸울 마음이 없었는데 우리가 억지로 끌고 나갔다고 하시오. 그럼 우리가 제 발로 적에게 걸어가서 제물이 될 테니까!
우리가 이기면 우리 도시도 잘 살 테니까 우리를 떠받들고 우리 후손도 길이길이 특별 대접을 해주어야겠소!
이의 없지?
전하는 말로는 사람들은 전쟁을 지지했다고 한다.
비록 우리가 먼저 시비를 걸었지만 나라의 안위가 위태롭다잖아!
테노치티틀란은 다른 두 도시 텍스코코, 틀라텔롤코와 손잡고 테파넥의 수도로 쳐들어가서 테소소목의 손자인 왕을 죽였다.
이렇게 해서 세습 귀족이 되었다.
오케이! 2단계. 이제부터는 지난번에 우리가 싸워서 적으로 만들었던 자들로부터 우리를 지키기 위해 자나 깨나 전쟁만 벌인다.
거 말 되네!

연합국은 테파넥 제국에 총공세를 퍼부었다. 테파넥 제국의 도시가 하나둘 무너졌다.
전쟁 이야기가 나왔으니 한마디. 전투에서 멕시카 병사는 적을 죽이지 않고 생포하려고 애썼다. 이를테면 다리를 노려서 일격을 가하는 식이었다.
싸움에 진 전사는 엄격한 의식을 따라야만 했다. 생포자는 사실상 그를 양자로 삼았다.
이제부터 우린 가족이란다!
고마워요, 아빠.
포로는 잘 대해주었지만 결국은 제관이 그의 심장을 도려냈다!
나 같은 사람을 위해 만들어진 제도라고나 할까. 난 사람 죽이는 거 끔찍해서 잘 못하거든.
그렇지만 나중에 스페인 사람들과 싸울 때는 애를 먹었다. 스페인 군인은 죽이기 위해 싸웠던 것이다.
제국은 날이 갈수록 커졌지만 무릎 꿇기를 거부하는 이웃 나라가 딱 하나 있었다. 첩첩산중에 둘러싸인 틀라스칼라였다.
틀라스칼라
테노치티틀란
그렇지만 멕시카족은 틀라스칼라를 잘만 뜯어먹었다. 신에게 제물로 바칠 사람이 모자라면 '평화 전쟁'을 선포한 뒤 점령은 안 하고 포로만 잡아갔다.
웬 '평화'?
어감이 좋잖아요.
1486년 무렵이면 제국은 험준한 산세에 둘러싸여 헐벗고 한 많고 고집스러운 틀라스칼라 사람들만 빼놓고는 중부 멕시코 전역을 차지했다.
그러니까 좋은 말 할 때 기어들어 왔어야지!

테소소목과 갈라진 지
60년이 지난 1486년 전쟁신
우이트실로포치틀리의 신전이
테노치티틀란에 들어섰다.
신전은 전쟁에서 챙긴 전리품으로
당당해진 수도를 굽어보았다.

그해 귀족들은 아우이트솔을
새로운 황제로 뽑았다.
관습에 따라서 황제가 대관식 때
제물로 바칠 포로가 많이 필요했다.

아우이트솔의 군대는 벌써 떠난 지
오래되었지만 감감무소식이었다.
하느님도
우리도 배고파
죽겠구만…

새 신전의 완공과 맞물렸기 때문에 이 대관식의 의미는 각별했다. 아우이트솔은 무려 8만 400명이나 되는 포로를 끌고 돌아왔다.
와! 우리가 역시 숫자에는 강하구나!
행렬은 끝없이 이어졌다.
포로를 제단에 올리는 데 꼬박 나흘이 걸렸다. 밤이고 낮이고 15분마다 200명씩 처리했다.
다음!
1500년 무렵이면 아우이트솔은 넓힐 수 있을 때까지 제국을 넓혔고, 정복 사업을 일단락 지었다.
안 그래도 팔 아파서 나도 더 이상은 못 해먹겠다 싶었어!
우리 정말로 죽는 거 아니지? 그냥 만화 속에서 잠시 끌려가는 척하는 거지, 동생?
작가 선생님이 알아서 하시겠죠.

몬테수마는 전쟁을 본 적은
있지만 경험은 부족했다.
주로 궁궐이나 신전에서 업무를
보거나 개인 동물원이나
조류사육장에서 놀았다.
옷은 한 번 입고는 내버렸고
식탁에는 200가지 요리가 올라왔다.
그리고 늘 초콜릿을 홀짝거렸다.

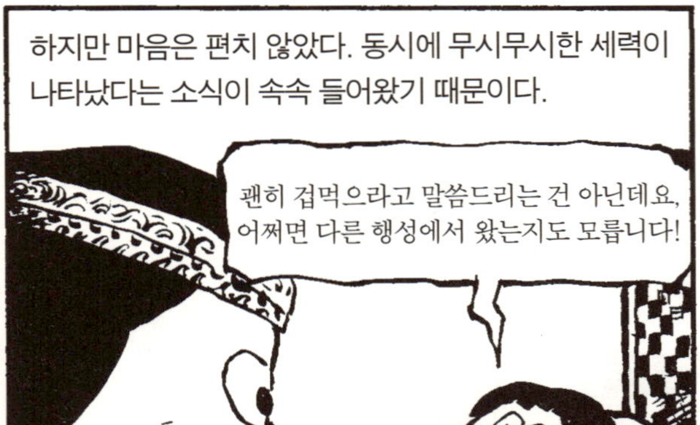

# 어설픈 야심

그렇다. 한 달이 넘게 항해를 하느라 비타민에
굶주리고 겁에 질리고 짜증이 언제 폭발할지
몰랐던 크리스토퍼 콜럼버스와 선원들이었다.

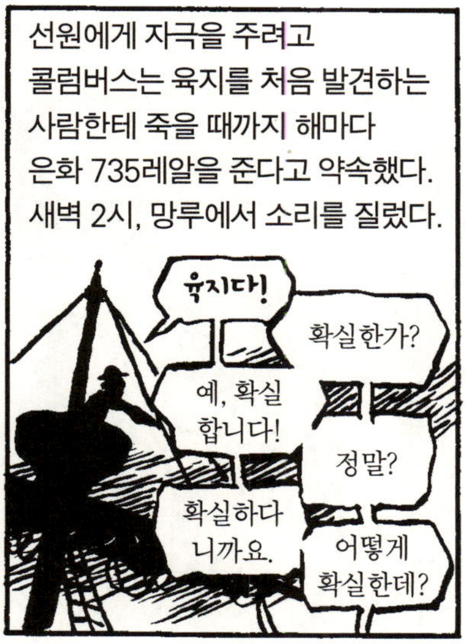

긴 배에다 교역품과 종교용품을 수북이 싣고
선원들은 노를 저어 일본인인지 인도인인지
모를 사람들을 만나러 갔다.

손짓 발짓으로 콜럼버스는 원주민에게 기독교도로 개종하여 스페인 백성이 되고
자기가 들고 간 겉만 번지르르한 물건과 금을 바꾸자고 했다. 콜럼버스는 운이 좋았다.
만약 그곳이 정말 아시아였다면 콜럼버스는 괘씸죄로 목이 날아갔을 것이다.

하지만 정작 웃음거리에 놀림거리가 된 것은 스페인 사람들이었다.

'인디언'과 사귄 콜럼버스는 몇 명을 배로 끌고 가서 스페인어를 가르쳤다.
친구끼리 말은 통해야겠지?
선원들은 원주민 여자를 집적거렸다. 폭행도 하고 여자의 오빠와 아버지가 항의하면 패버렸다. 아라와크족이 시정을 요구하자 콜럼버스는 불한당들을 싸고돌았다.
비좁은 배 안에서 같이 뒹굴다보니까 정이 들어서요!
안 좋은 소문은 삽시간에 이 섬에서 저 섬으로 퍼졌다.
원숭이라도 그런 몹쓸 짓은 안 할 거야!
이제 '인디언들'은 어디서 스페인어가 들리기만 해도 언덕으로 달아났다. 콜럼버스는 난감했다.
난 그저 선량한 기독교도와 충성스러운 신하 노릇을 할 뿐인데 왜들 저럴까?
텅텅 비었음
콜럼버스는 식민지를 세우라고 아이티에 사람 몇을 내려놓고 섬의 자연자원을 조사하러 일대를 둘러보았지만 대부분은 엉터리로 파악하고 돌아갔다.
원래 출장 보고서는 다 그렇게 쓰는 거거든요.
원정대의 일원이었던 핀타호 선장 마르틴 핀손은 콜럼버스를 한심스럽게 여기고, 독자적으로 탐사를 한 다음 서둘러 귀환해서 윗사람의 뒤통수를 쳤다.
나라의 운명을 저 돌대가리에 맡겨서야 쓰겠습니까!
그러나 스페인은 콜럼버스에게만 박수갈채를 보냈고 핀손은 명예 회복을 못 하고 고향으로 은퇴했다.
핀손은 1493년 '우울증'으로 죽었다. 그런데 혹시 자살은 아니었을까? 교회는 자살을 한 사람은 바로 지옥으로 떨어진다고 가르쳤기 때문에 가족들은 자살을 해도 쉬쉬했다. 작가들도 자살이라는 말을 좀처럼 안 썼다.
목이 부러져서, 그러니까 그 뭐냐, 가슴이 찢어지는 병으로 죽었어요!

스페인으로 돌아온
콜럼버스는 세계에서 제일 먼저
아메리카 부동산을 팔고 다녔다.
황금으로 깔린 거리!
무한한 기회!
자본 증식 찬스!
페르디난도 왕과 이사벨라 여왕은 솔깃했고,
1500명의 인원이 18척의 배에 나눠 타고 2차 원정에 나섰다.
모두 똑같은 꿈에 부풀 대로 부풀어 있었다.
황금
그렇지만 헛된 꿈이었다. 막상 아이티에 와보니
황금은커녕 전에 남겨둔 사람들이 초죽음 상태였다.
신세계에서 건진 게 없나요?
건진 건 없고 내가 얼마나 어리숙했는지만 깨달았네.
콜럼버스의 반응은? 잽싸게 물러났다.
콜럼버스는 식민지 경영보다는
탐험을 더 좋아했다!
바이!
다시 아이티로 돌아와 보니 말이 아니었다. 식민지 주민의 절반은 죽었고
질병과 의욕 상실로 신음하고 있었다. 아무도 벌이를 못 했고 저마다
불만투성이였다. 왕에게 진정을 하러 스페인으로 떠난 사람도 있었다!
못 가게 막아라!
남은 길은 단 하나뿐이었다.
인디언을 노예로 만들자!
금방 다녀올게!

콜럼버스는 자기의 명예와 지휘권과 재산과 자유를 지키기 위해 서둘러 귀환했다.
그리고 자기한테 더 많은 권한을 주어야만 식민지가 잘 굴러갈 수 있다고 주장했다.
문제는 폐하, 다들 제멋대로 군다는 겁니다! 열심히 일하는 사람이 없어요! 누가 일하겠어요? 저만 빼놓구요. 신경 써달라는 말씀은 아니구요.
왕과 여왕은 콜럼버스의 지휘권을 연장해주면서 사람들을 좀 엄하게 다루라는 언질을 슬쩍 주었다.
제발 군기 좀 바짝 잡게나!!
아, 예, 좋은 생각이십니다, 폐하. 제가 거기까진 생각 못 했네요.
그래서 이번에는 총독 내지는 부왕의 자격으로 아이티로 돌아왔다.
그런데 아시아가 맞긴 맞나요?
콜럼버스는 주요 식민지 책임자에게 '엔코미엔다'라고 해서 강제 노역을 시킬 수 있는 원주민 구역을 할당했다. 원주민은 죽도록 금광을 찾아 일해야 했다.

원성은 끊이지 않고 왕에게 날아들었다. 콜럼버스가 너무 잔인하다, 너무 무르다, 너무 원칙이 없다, 가족한테는 너무 너그럽고 다른 사람한테는 너무 야박하다, 인디언한테 너무 잘 해준다, 인디언을 너무 괴롭힌다…
휴! 정말 끝이 없구먼.
도대체 콜럼버스가 어떻게 처신해야 했을까? 이런 식으로 생각해보자. 우리의 목표는 원주민과 친하게 사귀면서 동시에 군림하는 것이고, 원주민을 갈취하면서 동시에 존중하는 것이고, 원주민의 신을 박살내면서 동시에 원주민을 따사롭게 개종시키는 것이라고. 그럼 무슨 일을 해도 문제가 생긴다!
그러니까 그냥 여러분 마음대로 하세요!
페르디난도 왕은 콜럼버스를 내몰고 새로 총독을 보내기로 마음먹었다.
당장 파직하고 또…
옙!
쇠사슬에
묶어오라. 그러니까 한때는 바다를 호령했던 장수가 죄수 신세로 스페인에 호송되었다.
억울합니다! 세례를 베풀고 수천 명을 죽인 사람을 이렇게 대접해도 됩니까?
새로 온 총독은 백인들과는 잘 지냈지만 원주민은 급격히 줄어들었다.
친구야, 개처럼 실컷 부려먹을 수 있는 원주민을 뭐 하러 죽이나?
죄송합니다, 총독님. 왠지 그래야 할 거 같은 느낌이 들었습니다.
음, 자넨 보기보다 감수성이 참 풍부하구만.
페르디난도는 (다행히 쇠사슬은 풀어주었지만) 콜럼버스를 삭탈관직했다. 하지만 아이티에 있는 재산은 그대로 두었다.
집에 가서 쉬라. 그게 몸에 좋아.
하, 하지만 저, 정말로 전 이대로는…
어허, 쉬라니까.

불쌍한 콜럼버스!
앞을 먼저 내다볼 줄 알았고
노련한 항해가였으며
(좀 지나칠 때도 있었지만)
자기를 부지런히 선전할 줄도
알았지만 외교력이나
통치력, 과학탐사 능력,
남을 이해하는 마음은 모자랐다.
콜럼버스도 불쌍했지만
카리브 사람은 더 불쌍했다!

10년 전이나 10년 후나 형편은 좋아지지 않았다. 오히려 악화되었다. 스페인 사람이 이 섬 저 섬으로 몰려들수록 죽어나가는 원주민은 기하급수로 늘어났다.
여보, 우리 왜 사는 걸까?
이젠 지쳐서 대답하기도 싫어.
쿠바와 푸에르토리코에서는 카리브족이 물러서지 않고 싸웠지만 스페인을 당할 수가 없었다. 카리브족 지도자 아투에이는 이런 대화를 나누었다.
개종을 하면 목 졸라 죽이고 나서 불에 태울 것이요, 개종을 안 하면 산 채로 불에 태울 것이다!
내가 개종하면 천당에 가나?
그래!
스페인 사람도 천당에 가나?
그래!
그럼 난 지옥에 갈란다.
전하, 이상한 소문이 자꾸 들어옵나이다!
초콜릿이나 더 가져와!
1517년이 되자 스페인은 섬들을 장악하고 거기서 살던 주민의 절반 가까이를 죽였다.
식인종을 뜻하는 카니발은 '카리브'에서 왔다. 카리브족은 싸우기를 좋아하는 종족으로 아마 사람 고기를 먹었을 것이다.
참 나! 이 불쌍한 피해자한테 어떻게 그런 망발을 한단 말인가?
얼마 전에 어떤 인류학자들은 식인 풍습은 비유럽인을 모독하기 위해 지어낸 허구라고 선언했다.
사람이 어찌 사람을 먹누! 사람이 사람을 미워하도록 사람 먹는 사람이 있다고 말하는 사람이 있는 거지!
꼴깍. 손 한번 먹음직스럽네.
그러나 오늘날 대부분의 전문가는 식인 풍습이 진짜 있었다고 본다. 하지만 감상적이거나 결벽증이 있는 학자들은 냉엄한 현실을 누그러뜨리거나 도외시한다.
그건 아주 깊은 곳에서 체험하는 종교 의식이라고나 할까, 신비로운 에너지 이동으로 봐야겠죠??
그놈이 미워서 죽였고 배가 고팠수.

# 몬테수마의 궁전

쿠바, 1518년. 섬을 정복한 디에고 벨라스케스 총독은 신부, 관리, 여자 몇 명, 노동자 조금, 선원, 스페인이 벌인 전쟁에서 싸웠던 퇴역 군인으로 이루어진 식민지를 다스렸다.

제국에서도 가장 변방에 있던 한 마을에서 늙은 군인은 새로운 전쟁을 꿈꾸었다. 하지만 디에고 벨라스케스가 직접 나서기는 무리였다. 멕시코 원정에 흔쾌히 나설 인재를 찾아야 했다.

총독은 모든 것을 없었던 일로 하기로 마음먹었다.

1519년 초 함대는 마야 지방에 닿았고 코르테스는 벨라스케스가 가장 우려했던 일을 바로 행동으로 옮겼다.
왕년에 법대를 다녔던 사람답게 우리가 주인 노릇을 하는 도시의 새로운 헌장을 만들라고 친구들을 부추겼다. 그들은 코르테스를 '선장 대장'으로 뽑고 무슨 일이든 할 수 있는 권한을 주었다!
절대 권력을? 나한테? 아싸!!! 당연히 해야지!
빠드드드드드드드드득
이 가는 소리
벨라스케스의 친구들은 총독과 한 약속이 있으니까 코르테스가 권한을 마음대로 행사하는 것은 위법이라고 따졌다. 왕년의 법대생은 그건 하나만 알고 둘은 모르는 소리라고 받아넘겼다.
시의회에서 내린 결정이 더 권위가 있거든. 나도 안 따를 재간이 없어요. 안 그랬다간 고대 로마법전 제16절 제9부속조항을 어기는 거거든!
그러고는 불평분자들에게 족쇄를 채워 자기의 권력을 과시했다!
아직 법을 잘 모르는구만들.
한편 코르테스는 중요한 발견을 했다. 중부 멕시코에서 온 마야족 출신의 말리나라는 스무 살 남짓 된 노예가 마야어도 하고 나우아틀어도 하고 아스텍어에도 능통한 데다 멕시코 정치를 꿰뚫고 있었다. 여자는 코르테스한테서 스페인어도 배웠다. 밤중에…

스페인 배가 처음 왔을 때부터 파발꾼들은 멕시코시티에 있던 몬테수마 2세에게 재빠르게 소식을 알렸다.
난데없이 물에 떠다니는 산이 나타나더니 사람들이 우르르 내렸습니다.
"그 사람들은 여자 하나와 아기 하나를 숭배합니다. 우리들 신상은 박살내구요."
"몇 사람이서 수백 명을 해치웁니다. 막대기불이 있어서 멀리서도 죽여요. 커다란 사슴 같은 동물을 타고 다니는데 아주 흉악합니다."
"켐포알라에서는 우리 쪽 세리 둘을 잡아가면서 사람들한테 앞으로는 중앙에다 세금을 내지 말라고 했습니다."
"코수멜 섬의 주민들은 토착 신을 내던지고 여자와 아기를 신으로 섬기고 있습니다."

그래서 지체 높은 사신들이 하인과 서기를 거느리고 황금, 옥, 깃털로 만든 보석을 잔뜩 짊어진 짐꾼들과 신의 먹이가 될 사람을 가둔 우리를 앞세우고 코르테스한테 갔다. 그들은 스페인 사람에게 인사를 하고 선물을 풀어놓고 왕의 뜻을 알렸다.

이미 사람, 도시, 황금 할 것 없이 멕시코 사정을 꿰뚫고 있었던
코르테스는 몬테수마를 만나러 갈 생각이라고 말했다.
아스텍 사람도 코르테스의 부하들도 깜짝 놀랐다!
허! 일방적으로 통보를 하네!
!!
스페인 사람들은 제국의 심장부까지 행군을 할 생각을 하니 기가 막혔다. 코르테스는 배를 뭍으로 끌어올려 제 구실을 못 하게 만들었다. 꽁무니를 뺄 수가 없게 된 것이다.
먹느냐 먹히느냐! 그게 인생이거든!
매사를 극단으로 몰고 가는 저런 사람한테 언제까지 시달려야 할까?
일부는 해안을 지키라고 남겨놓고 그동안 '교분'을 맺은 도시에서 모은 2천 명의 원주민을 거느리고 코르테스는 나머지 병력과 함께 제국으로 올라갔다.
위로! 위로! 위로!
그래서 당도한 곳이 돌벽으로 가로막힌 틀라스칼라 국경선.
여기 사람들은 몬테수마라면 치를 떨거든요!
좋네!

기억하겠지만 틀라스칼라는 멕시코 제국에 섬처럼 둘러싸인 외로운 고장이었다. 동서남북이 가로막힌 곳에 갇혀서 그곳 사람들은 면화도 소금도 없이 살았고 외지인을 불신했다.
코르테스는 대화를 시도했다. 그러면서 멕시코의 적이라면 자기 같은 사람을 써먹어야 한다고 귀띔했다.
할 말이 있으면 직접 하지 왜 여자를 통해서 말해?
뭔가 떳떳하지 못한 거야. 해치우자.
틀라스칼라 사람들이 공격했다.
말로 하자니까 그러네!
여러 날 동안 일방적으로 학살을 당한 뒤에 오지 사람들은 저항을 포기하고 스페인에 협조하기로 했다.
바로 그때 더 많은 멕시코 사신이 다시 선물을 싣고 와서 떠나달라고 요청했다. 그러면서 틀라스칼라족은 못 믿을 사람들이라고 덧붙였다. 코르테스는 자기가 알아서 판단한다고 대꾸했다.
거짓말쟁이, 사기꾼, 이중인격자, 소매치기, 욕쟁이, 비렁뱅이, 신성모독…
그래 넌 얼마나 잘났나 보자!
코르테스가 한 연설을 말리나가 얼마나 통역을 잘했는지 틀라스칼라 사람들은 그다음 한 세기 동안 스페인 편에 섰다.
저 여자가 하는 말 중에서 다 알아듣겠는데 '싸움터의 제물'이 된다는 건 무슨 뜻이람?
수천 명의 틀라스칼라족이 코르테스와 함께 테노치티틀란으로 행진했다. 몬테수마의 사신들은 서둘러 그 사실을 알렸다.
그냥 악질 살인마인 줄로만 알았는데 웅변 솜씨도 제법인데!

틀라스칼라가 코르테스에 붙었다는 소식을 듣고 몬테수마는 심각해졌다. 갑옷을 입은 외지인을 죽이거나 생포하라고 제국 곳곳에 방을 붙였다.
선물까지 보냈는데 감히 내 밥을 집적거려? 배은망덕한 털북숭이 같으니…
후르륵
그래서인지 코르테스 일행이 잠시 쉬었다 가려고 촐룰라 시에 들어서니 분위기가 싸늘했다. 음식도 없었고 숙소도 형편없었다.
말리나가 밖에서 소문을 듣고 왔다. 촐룰라족이 스페인 사람들을 붙잡아서 제물로 바칠 작정이라는 말을 원주민 하녀한테서 들었다는 것이다.
허허… 이를 어쩌면 좋을까?
선수를 치는 거예요.
다음날 아침 코르테스는 2천 명의 장정을 군인으로 달라고 촐룰라에 요구했다.
이분이 그러겠대요.
촐룰라 지도자들은 쾌재를 불렀다! 그들은 수천 명의 장정을 스페인 사람들이 기다리는 광장으로 보냈다.
앞서도 말했지만 코르테스는 선수를 치는 데 일가견이 있었다! 스페인 군인들이 먼저 공격을 했다.

학살이 끝나자 코르테스는 촐룰라의 지도자들한테 호통을 쳤다. 당신들 속을 훤히 꿰고 있는데 나를 정말 막을 수 있다고 생각하느냐고.
이분은 모르는 게 없어요!
이 소식을 듣고 몬테수마는 이틀 동안 기가 팍 죽었다. 이 요술을 어떻게 막을 수 있을까? 황제는 제물을 올려서 자기와 신들을 위로해달라고 했다.
싱싱한 물건은 아직 많지?
그럼요, 전하!
그리고 이제부터는 마술사를 환영하기로 생각을 바꾸었다.
그러니까 우리가 아는 문명 세계가 끝장나는 건데 각오는 되어 있는가? 난 되어 있나? 누구 되어 있는 사람?
예, 전하, 아니오, 전하, 누군들 알겠습니까, 전하!
그래서 한 무리의 스페인 군인들과 원주민 병사들은 힘들이지 않고 멕시코 문명의 심장부로 들어섰다.
물 위에 그렇게 많은 도시와 마을이 들어선 것을 보고,
그리고 멕시코까지 일직선으로 반듯하게 뻗은 길을 보고,
우리는 너무 놀라서 뭔가에 홀린다는 게 바로 이런 거구나 싶었다.
어떤 병사들은 지금 우리가 보는 게 꿈이 아니냐고 되물었다.
— 베르날 디아스 델 카스티요

몬테수마는 침략자들을 친히 맞으러 나갔다. 그리고 촐룰라족이 황제의 윤허 없이 자기들 멋대로 저지른 일이라고 둘러댔다. 코르테스는 괜찮다는 뜻으로 다정하게 껴안으려고 했지만 멕시카족은 기겁을 했다.
말린체, 노!
잠깐! 원주민은 코르테스를 모두 말린체라고 불렀다. 말리나의 남자라는 뜻이었다.
그들은 도성으로 들어가서 궁궐도 보고 동물원과 새집도 보고 피가 낭자한 사원의 제단도 구경하고 커다란 시장도 돌아보았다.
쓰레기는 카누로 싣고 가서 농장에다 거름으로 줘요. 자기 저녁도 거기서 나오는 거야.
음. 맛있겠다!
그들은 궁궐 하나를 차지하고 몬테수마를 '인질'로 '모셔'두고 이곳저곳으로 끌고 다녔다.
볼모로 잡힌 황제는 스페인 사람들이 시키는 대로 황금을 가져오게 했다. 그들의 욕심은 한이 없었다!
거지들도 저러지는 않겠다.
몇 주 동안 아스텍족은 침울하게 자기네 제국의 약탈을 도왔다.
정말 두 번 다시 상종하고 싶지 않은 족속이네!
하지만 좋은 일이 무한정 계속될 수는 없는 법. 특히 동업자를 배신했을 때는 더 그렇다.

몬테수마의 얼굴이 갑자기 환해졌다. 우울했던 모습은 어디 가고 시시껄렁한 농담까지 던졌다.
어서 옵쇼, 말린체 선생!
이유는? 코르테스를 체포하러 쿠바에서 18척의 함정이 유카탄 해안에 도착한 것이다. 함대를 이끌고 온 디에고 벨라스케스 총독의 친구 판필로 나르바에스는 코르테스를 역적, 도둑, 반역자로 불렀다.
질문 있나?
없어요!
그러니 멕시코 황제는 신이 날 수밖에!
힘내요, 말린체! 사람이 한 번 죽지 두 번 죽나!
코르테스는 기가 막혔다. 바람 앞의 촛불 같은 신세였지만 빠져나갈 방도가 별로 없었다. 목숨이 위태로웠지만 코르테스는 태연자약했다!
걱정 마셈!
역시 두목은 배짱이 커야 돼!
이번에도 코르테스는 힘만이 아니라 머리도 썼다. 심부름꾼에게 황금을 들려 보내 나르바에스의 부하들을 구워삶고 새로 온 사람들의 일거일동을 감시하라는 지시도 내렸다.
우리끼리 싸우면 안 돼요. 여긴 우리가 이미 장악했거든. 이 금은보화를 봐. 괜찮아, 가지라구. 더 있어. 우리한테 붙기만 하라구.
그러고는 틀라스칼라 부대, 스페인 부하 절반을 데리고 동쪽으로 떠나면서 테노치티틀란은 머리카락이 노랗다고 해서 아스텍 사람들이 '태양'이라고 부르던 금발에다 몸집이 좋고 성질이 불같았던 페드로 데 알바라도라는 장교한테 맡겼다.
설치지만 말아다오!

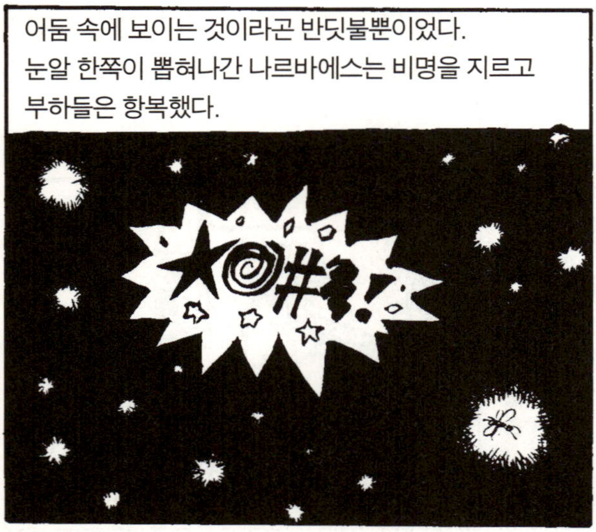

코르테스는 덕분에
말 백 마리와 군인 1300명을
더 얻었다. 이름은 모르지만
그중 한 사람이 천연두에
걸려 있었다.

약속과는 달리 일은 순조롭게 풀리지 않았다. 높은 산의 희박한 공기에 익숙지 않은 스페인 병사는 가쁜 숨을 몰아쉬었고 토했고 인디언은 결코 친절하지 않았다.
휴… 그놈의 선물은 언제쯤이나 쏟아져 들어오려나.
코르테스가 떠난 뒤로 수도에서는 불상사가 빚어졌다. 아스텍 사람의 속을 영 알 수가 없었던 '태양' 데 알바라도는 '촐룰라 방식'으로 밀어붙이기로 마음먹었다.
어느 날 옥수수 축제를 맞이하여 수백 명의 멕시코 귀족이, 특히 젊은이를 중심으로 춤을 추다가 알바라도의 부하들에게 몰살당했다.
전에 코르테스 형님도 이렇게 해서 재미 본 거 맞죠?
충격이 가라앉은 뒤 생존자들은 저항 세력을 조직했다. 이제는 몬테수마의 말도 먹혀들지 않았다.
"기왕 죽더라도 사나이답게 죽자!" 이렇게 말하네요.
으, 왜 안 먹혀들지.
그래서 코르테스 일행이 수도에 도착했지만 아무도 반기는 이가 없었다. 알바라도 일행은 먹을 것도 없이 궁전에 틀어박혀 있었다.
내가 왔다! 바다 사나이! 말린체!
헬로?
군대는 안으로 들어갔다. 돌연 벽과 지붕을 돌멩이로 두드리기 시작한다.
탕 팅 떵 뿅 핑 딱 깡
거 봐, 좌우간 뭔가가 쏟아져 들어올 거라고 했잖아!
퐁

코르테스는 알바라도를 혼내고
나서 성난 군중을 가라앉히라고
황제의 등을 떠민다.
내가 설치지 말라고
했니 안 했니??
퍽
폭
탕
푸잉
퍼엉
딱
깡
띵

사람들 앞에서 연설을 하라고
몬테수마를 발코니로 끌고 갔다.
덜그럭

날아온 돌에 두개골이 박살나서
황제는 즉사했다.

이제 남은 길은 하나, 내빼는
수밖에 없었다. 육지와는
좁은 길 몇 개로만 이어져
있고 사방이 적으로 둘러싸인
도시를 뚫고 나가는 수밖에
없었다. 그나마 믿었던 길도
멕시카족이 다리를 모두
끊어놓는 바람에 악전고투의
연속이었다. 코르테스가
금은보화를 모두 가져가야
한다고 우기는 바람에
어려움은 더 컸다.

어쨌든 일부는 빠져나갔다. 하지만 상당수는 엄청난 노획물과 함께 그날 밤 호수 밑바닥으로 가라앉았다.
멕시카족은 추적을 할 수도 있었지만 스페인 군인과 틀라스칼라 부대가 달아나도록 내버려두었다.
칼질하느라고
너무 바빠서리!
스페인 군대는 잠시 쉬었다가 더 큰 싸움을 몇 차례 치르고 산중의 틀라스칼라로 돌아왔다.
거기서는 또 다른 악몽이 기다리고 있었다. 천연두가 퍼져 사람들이 픽픽 쓰러졌다. 면역을 모르는 사람들처럼.
물집이 생겼다 하면 그대로 죽는 병이 퍼졌다고 한번 상상해보라. 그 병에 친구와 가족이 대부분 죽었다고 상상해보라. 틀라스칼라족이 느꼈을 공포와 절망을 상상해보라. 그런데도 그들은 스페인 사람 편에 서서 끝까지 감싸주었다.
아메리카 대륙 어디에서나 유럽인이 정복을 하면 원주민은 몰살당했다.
희한하네! 그냥 나타나기만 해도 픽픽 쓰러져요!
제러드 다이아몬드라는 역사가이자 생물학자는 총과 균과 쇠를 원흉으로 지목한다. 효과적인 무기와 갑옷, 기술, 거기다가 낯선 병이 원주민에게는 독이었다.
유럽인, 아시아인, 아프리카인은 워낙 동물들과 붙어살았기 때문에 짐승이 옮기는 병에도 저항력이 강했어요.
에취!
역사가들은 원주민은 대부분 전염병 때문에 죽었다는 생각을 한다!
어쩐지, 우리 조상들이 그렇게 몰상식했을 리가 없거든요!
암요, 쏘고 찌르고 굶겨서 죽인 게 끽해야 백만 명을 넘지 않아요!
왠지 홀가분해지는 거 있죠.

코르테스는 그래도 싸우고 싶었다! 배를 만든 다음 쪼개서 테노치티틀란까지 실어 나를 수가 있을까? 기술자가 가능하다고 하자, 코르테스는 사람들을 바닷가로 보내서 배에 있던 쇠붙이란 쇠붙이는 모두 긁어오도록 했다.
이러다 여기에 뼈를 묻는 거 아닌가 몰라.
한편 틀라스칼라에서는 있는 연장 없는 연장 다 동원해서 목수들이 나무를 켰다.
장비가 하나둘 도착하자 무언가 일이 제대로 굴러가는 듯싶었다.
좀 쉬엄쉬엄 하면 어디 덧나나?
배 스무 척이 만들어졌다. 그중에는 길이가 20미터나 되는 것도 있었다.
드디어 운반이 시작되었다. 스페인 군인, 말, 개, 대포, 원주민 병사, 배를 조각조각 든 짐꾼들의 줄이 십 리도 넘게 이어졌다.
호수에 닿자 배를 다시 짜맞추어 물에 띄웠다. 육군은 호숫가로 퍼져서 테노치티틀란의 주요 보급로를 차단했다. 그리고 싸움이 시작되었다.

스페인군은 도시로 들어가는 물길도 끊었다. 해군은 육군이 송수로를 따라서 시내로 들어갈 수 있도록 도왔다.
사방팔방에서 돌이 날아들었다. 코르테스는 이 아름다운 도시를 살리고 싶었지만 어쩔 수 없이 산산조각 내라는 명령을 내렸다.
휴, 세상 일이 어디 마음대로 되던가요.
좋은 말로 하면 사람들이 말귀를 못 알아먹어요!

시체가 몇 주 동안 끊이지 않고 탔다. 테노치티틀란은 쑥밭이 되었다. 거리와 운하를 송장이 가득 메웠다.

저항 세력을 이끌었던 몬테수마의 아들 콰테모신은 카누로 몰래 빠져나가려다가 붙잡히고 말았다.

허무하다.
코르테스는 그 자리에다 바로 새 도시를 지으라고 명령했다. 수많은 원주민이 동원되었고 어느새 새로운 멕시코시티가 들어섰다.
우리가 흘린 피땀을 알아주기나 하려나.

한편 정복군은 지방으로 다니면서 저항군의 뿌리를 뽑았다.

스페인 정착민은 이 '새로운 스페인'으로 몰려들었다. 쿠바 출신으로 미천한 신분이었는데도 코르테스가 할 수 없이 결혼을 한 코르테스 여사도 왔다.
어흠, 부인, 여기는 말리나, 그리고 내 귀염둥이.
코르테스는 거북했다! 원주민 첩, 그중에서도 자식을 여럿 낳아준 말리나한테 푹 빠져 있었기 때문이다.
나 정도 지위가 되는 사람이면 딴 살림을 차려도 되지 않을까요, 부인…
부인과 재결합하고 석 달 만에 코르테스는 하녀들한테 구는 태도가 못마땅하다며 부인한테 호통을 쳤다.
코르테스 여사는 방으로 가서 문을 닫아걸었다.
선장은 뒤따라 들어갔다.
코르테스 집은 손님이 끊일 날이 없었다. 그날 손님들은 고함과 흐느낌을 들었다. 그러고는 침묵이었다.
다음날 코르테스 여사는 목에 흉터가 난 채로 죽어 있었다.
공식적으로 발표된 사인은 심한 기침, 곧 천식이었다. 그것으로 끝이었다.
말린체 옆에서는 숨도 제대로 못 쉬는 사람이 많았거든요.

코르테스는 골치 아픈 문제가 한둘이 아니었다. 정착민들은 쿠바에서처럼 땅과 노예를 거느린 봉건 영주로 살고 싶어했다.
이래봬도 난 몰락한 공작의 세탁부의 사돈의 팔촌 되는 사람이외다!
그러다 사람 치겠다!
쿠바의 실정을 잘 알았던 코르테스는 땅은 역시 원주민한테 맡겨서 농사를 짓는 것이 더 짭짤하다고 생각했으므로 정착민들의 요구를 한동안 뿌리쳤다.
고정하시게, 자고로 선비는 재물을 멀리 하라 했네. 돈이 인생의 전부는 아니지 않는가.
얼굴 좀 펴게나!
우리보다 인디언을 더 감싸고돌았다는 걸 폐하께서 아시면 어떻게 될 거 같소, 신하 양반?
콜럼버스의 말로를 잘 봤을 텐데. 쇠고랑차는 게 그렇게 좋은가? 어디 한번 해볼까?
어휴.
결국 코르테스는 두 손 들고 엔코미엔다를 멕시코에도 도입했다. 정착민은 인디언을 노예로 부리게 되었다.
미안해, 알고 보면 나도 불쌍하다네. 시대와 계급을 잘못 타고났어…
병 주고 약 주시네요.
코르테스는 틀라스칼라족만큼은 그동안의 도움에 보답하는 뜻에서 엔코미엔다에 넣지 않고 자유인으로 두었다.
고마워서 눈물이 나려 하네!
미국 뉴멕시코 주의 산타페에 있는 산미구엘 예배당에 혹시 가게 되거든 그곳의 역사가 적힌 현판을 유심히 읽어보라.
그 교회에 들어간 목재는 틀라스칼라족이 실어 날랐다. 멕시코시티 정복에서 한 세기나 지났고 2000킬로미터 가까이 떨어진 곳에서도 여전히 스페인을 위해서 일한 것이다.
만화가 선생님은 알아주시네.

스페인 사람이라고 해서 다 부자가 된 것은 아니었다.
코르테스의 부하들은 배신당하고 속았다고 생각했다.
날강도 같은 놈!
날강도!
날강도!
디에고 벨라스케스와 판필로
나르바에스도 똑같은 심정이었다.
두 사람은 코르테스를 고소했다.
날강도!
진정서와 고소장이 날아들자
본국 정부는 진상을 알아보려고
멕시코로 조사관을 보냈다.
그런데 묘하게도 코르테스와 저녁만
먹었다 하면 죽는 조사관들이 생겼다.
묘하다니 무슨 뜻으로
하는 말이오?
코르테스는
직접 왕한테 가서
담판을 짓기로
마음먹었다.
코르테스가 나타나자 스페인은 뒤집어졌다.
인상이 어때?
처음엔 너무너무
궁금했는데 하도 사람들이
시끄러워서 나중엔 골치가
띵했고 지금은 그저 허탈하네.

스페인 국왕 카를로스 5세는 코르테스를 환대했고 인도 제도에 대해서 조언을 들으면서 오붓한 시간을 보냈다.
멕시코가 아니었더라면 짐은 파산했을 거요, 코르테스 선장!
층층이 올라간 그 왕관도 제가 보내드린 것입지요, 허허!
(자세한 내용은 나중에.)
국왕과 밀월 관계를 누리며 코르테스가 잘나가니까 코르테스의 적들은 하늘이 노랬다. 얼마 뒤에는 명문가의 딸과 결혼을 했다!
좀 찔리네.
환대는 하면서도 카를로스 국왕은 코르테스를 총독 자리에서 물러나게 하고 군사 지휘권만을 맡겼다.
이제 코르테스는 윗사람을 섬겨야 했다.
그는 멕시코시티를 떠나 울분을 삭이면서 지방으로 원정을 다녔다.
나중에는 스페인으로 돌아가 군사 원정과 소송에 휘말려 여생을 보냈다. 코르테스는 1547년에 죽었다.
멕시코를 정복하면서 코르테스는 주먹만한 푸른 보석 다섯 개를 몬테수마한테서 챙겨두었다. 그리고 결혼 선물로 아내에게 주었다.
그렇지만 1541년 알제리 침공에 나섰을 때는 보석을 직접 챙겨갔다.
날강도!!
흐흐흐흐
공격은 실패했고 코르테스가 탄 배는 침몰했다. 코르테스는 목숨을 건졌지만 다섯 개의 보석은 지중해 밑으로 가라앉았다!
으휴, 난 이제 마누라한테 맞아죽었다!

나머지 사람들은 어떻게 되었을까? 몬테수마의 말로는 앞에서 보았다.
저항군을 이끌었던 그의 아들 과테모신은 한동안 목숨은 유지했지만 보석 숨겨놓은 곳을 대라고 고문을 받았고 더 이상 나올 보석이 없어졌을 때 결국 처형당했다.
디에고 벨라스케스는 코르테스 고소의 결과를 못 보고 쿠바에서 세상을 떴다.
날강도, 날강도, 날강도!
말리나는 코르테스의 아이를 넷 낳았다. 코르테스가 총애했고 후계자로 삼은 마르틴 코르테스도 말리나의 자식이었다. 나중에는 동족들한테 돌아가서 이름 없이 죽었다.
마르틴 코르테스와 몬테수마 집안을 비롯하여 일부 인디언 자손은 스페인에서 작위와 땅을 얻었다.
이게 자랑스러운 일인지 창피한 일인지 감이 잘 안 잡히네요.
노예 노릇과 돌림병에서 살아남은 원주민은 수많은 자손을 퍼뜨렸다.
종교는 당연히 바뀌었다. 신부들이 와서 성서를 가르치고 원주민의 책은 불 질렀다. 원주민들은 무엇보다도 책이 불타는 것을 보면서 억장이 무너졌다고 한다.
나중에 모두가 독실한 가톨릭 신도가 되었을 때 학식 있는 신부들이 흘러간 세계의 정보를 조금이라도 살리기 위해 원주민 필경사에게 남은 책을 그려서 베끼게 했다.
그냥 태워버리는 게 속편하지 않을까요?
천벌을 받을 소리!
종교 의식의 차원에서도 단백질 섭취의 차원에서도 사람을 제물로 바치는 풍습은 사라졌다. 그 대신 스페인에서 들여온 돼지가 제물 노릇을 톡톡히 했다.
영락없는 사람 살코기 맛이네!

멕시코에서 벌어진 일을 어떻게 받아들여야 할까? 역사는 이야기를 들려주고 원인과 결과를 알아내고 평가하고 저울에 달고 분석하는 것이라고들 말한다. 하지만 역사가 심판을 할 수 있을까? 알아서들 판단하시라. 그렇지만 한 가지는 묻고 싶다. 무차별 학살과 탄압과 한 문명이 이룩한 문화적 위업을 깡그리 부순 것에 대해서 어떻게 달리 반응할 수 있겠느냐고. 그 파괴자들은 그들이 살았던 시대의 산물일 뿐이라고 말할 수 있을지 모른다. 하지만 그렇다면 우리는 그들의 시대도 심판할 수 있어야 한다. 그래서 우리가 사는 시대가 그보다는 좀더 이성적이고 인간적이고 덜 편협해지도록 만들어나가야 한다.

그런데 오늘날 멕시코에서 코르테스는 악당이고 테노치티틀란을 끝까지 지켰던 과테모신은 영웅이다!

아득히 먼 옛날부터 사람들은 여행을 했지요. 이유야 뻔했지. 먹을 것을 찾아서, 적으로부터 달아나려고, 아니면 그냥 돌아다니는 게 좋아서!
그 사람들이 여기저기 쏘다닌 동기는 마당을 활보하는 닭이나 다를 바 없었을 터.
그런데 이제는 그 이유를 좀더 잘 알지요!
사람들이 어느 정도 땅을 차지하게 되면서 자꾸만 새로운 여행 목적을 만들어냈다, 이 말씀. 외교다, 전쟁이다, 관광이다, 사업이다, 선교다, 연구다…
콜럼버스 이후로는 새로운 이유와 묵은 이유가 정복과 호기심의 잡탕밥처럼 뒤죽박죽이 되어버렸어요!
에구머니!
그래서 탐험이라는 게 생겨납니다. 저 너머에 있는 것을 보고 자기의 고정관념에 맞게 짜맞추고 닥치는 대로 챙기는 것을 탐험이라고 하지요!
그러니까 세계 일주에 나선 탐험가들은 세련되고 공격적인 한 무리의 닭들이라고 보면 되겠습니다.

2
돌고 도는 세상
말도 안 돼!
자기들 멋대로 정하는 법이 어딨어!
1492년 포르투갈 왕국은 서아프리카를 이미 50년 동안 탐사했다.
포르투갈은 아프리카에 항구, 농장, 교역소, 동맹국이 있었다.
1488년 포르투갈 배가 아프리카 끝을 돌아 인도로 가는 바닷길을 살짝 엿보았다.
그래서 콜럼버스가 인도에 먼저 도착했으니까 인도는 스페인 차지라고 주장했을 때 포르투갈은 발끈했다!

스페인과 포르투갈은 교황한테 하소연을 했다. 그들은 교황의 생각을 특히 그것이 자기한테 유리할 때는 존중했다.
우리가 먼저 갔거든요!
우리가 먼저 갈 작정이었거든요!
교황 알렉산드로스 6세는 솔로몬처럼 지혜로워지고 싶었다.
칼을 가져오게나!
너무 오버하시는 거 아닌가요. 죽을죄를 지은 건 아니잖아요.
오버는 자네가 하는구만. 얍!!
쯔적
1493년 교황은 지구본을 두 동강 냈다.
스페인한테는 특정한 위도의 서쪽을 몽땅 안겨주었고 포르투갈한테는 동쪽을 안겨주었다.
위도를 어떻게 재는지는 아무도 몰랐지만 두 나라는 1494년 토르데실라스 조약에서 사이좋게 나눠 가지기로 했다.
그런데 인도가 뭐 하는 데더라?
무슨 공장이 아닌가 싶습니다만…

그만!
그만!
대서양과 접한 유럽 나라들은 교황을 존중하면서도 무시했다.
1497년 잉글랜드는 이탈리아 항해가 조반니 카보토('존 캐벗')를
보내 중국으로 가는 북서 항로를 찾았다.
항로를 찾는 데는 실패했지만 얼마 안 가서
유럽 어선들이 너도나도 이 북대서양
바다에서 조업을 하게 되었다.
그런데 이곳을 뭐라고 불러야 할까?
우리가 아는 탐험가 중에서는 그래도 머리가
돌아가는 편이었던 아메리고 베스푸치는 이곳은
지금까지 알려지지 않은 대륙이라고 처음으로 주장했다.
그래서 신세계라고 불렀다. 하지만 아메리고를 연모하는
사람들은 아메리카라고 불렀다.
제 팬들이
워낙 극성이라서,
허허.

콜럼버스는 아시아로
가는 남쪽 항로가 있다고
보았다. 서쪽으로 가는
해류가 카리브 해에 있었던 것이다.
그런데 알고 보니 다시 동쪽으로 방향을
틀었다. 멕시코 만류였다.

밀도가 높고 차가운 북극해의 물이
밑으로 가라앉으면서 따뜻한 남쪽 물이
그 위로 흘러들어가는 것이 멕시코
만류다. 이렇게 올라온 열대 지방의
물 덕분에 서유럽이 따뜻한 것이다.

지구 온난화의 역설이겠는데,
북극해가 더워져서 더 이상 가라앉지
않으면 멕시코 만류도 흐르지 않고
유럽은 새로운 빙하시대로 빠져든다.
기가 막혀, 더위 때문에
추위를 먹다니!

한편 앞에서 본 대로 스페인은 카리브 해와 멕시코를 식민지로 삼아 그곳을 발판으로 새로운 원정에 나섰다.
영원히 늙지 않는 생명수가 정말로 여기 있을까?
100 퍼센트는 아니구요.
가장 무모한 항해는 1527년에 있었다. 알바르 누네스 카베사 데 바카 (암소 머리라는 뜻)가 애꾸눈 판필로 나르바에스와 같이 플로리다 쪽으로 무작정 배를 몰았다.
풍랑에 휩쓸린 끝에 스페인 사람 몇이 텍사스 바닷가로 밀려왔다.
그래도 지옥은 아니잖아.
지옥이 별건가? 굶주리고 축축하고 춥고 외롭고 모기에 뜯기고 아프면 지옥이지.
할 수 있다는 정신으로 그들은 옷을 찢어 나무판자와 갈대를 얽어서 뗏목을 만들었다.
그런데 거센 파도에 그것도 박살났다.
이제는 굶주리고 축축하고 춥고 외롭고 모기에 뜯기고 아픈 데다 벌거숭이까지 되었다!
내가 뭘?
거의 다 죽었지만 카베사 데 바카는 병을 고치는 사람으로 행세하면서 주민들의 신임을 얻었다.
이렇게 해서 네 명의 생존자는 아메리카 대륙 남서부 유랑에 나섰다.

넷 중에서 에스테반이라는 흑인이 바람잡이 노릇을 했다. 거울과 깃털과 보석을 주렁주렁 매달고 먼저 가서 주민들에게 선전을 했다.
왔어 왔어! 무슨 병이나 고쳐주는 의원이 왔어 왔어! 약초! 물약! 신비한 동방에서 온 털북숭이 의원의 실력을 믿어주세요!
의사자격증도 없이 텍사스, 뉴멕시코, 애리조나를 돌아다니면서 7년 동안 진료를 했다. 환대를 받기도 했지만 야반도주를 해야 할 때도 있었다.
7년 뒤 카베사 데 바카는 인디언도 자기와 똑같은 사람이라는 걸 깨달았다. 그래서 나중에 멕시코에 와서 스페인 노예상과 한바탕 붙고 수십 명의 원주민 노예를 풀어주었다.
우리 조국과 종교에 먹칠을 하는 놈들!
현실을 모르는구만.
하지만 멕시코는 카베사 데 바카를 환영했다. 알고 싶은 게 많았기 때문이다.
황금이 있더이까?
노노노!
아무리 "노"라고 해도 그들은 "예스"로 들었다.
예스?
노!
예스?
예스?
노!
카베스 데 바카는 환멸을 느끼고 은둔했지만 에스테반은 코로나도라는 탐험가의 길잡이 노릇을 했다.
그것이 불찰이었다. 아파치족은 에스테반에게 화살 세례를 퍼부었다.
으아아아아아아!
코로나도는 금광을 찾아 캔자스를 몇 달 더 뒤졌다.
저기 지평선만 넘어가봐.
지평선 넘다가 세월 다 가겠다.

스페인이 1512년 신대륙 본토에서 처음 식민지로 삼은 파나마에서는 이런 대화가 오고 갔다.
교황이 이 세상 절반을 우리한테 줬거든요!
그날 아마 술을 많이 드셨나보네요!
정말 그랬나보네요.
1513년 식민지를 세운 누네스 데 발보아는 좁은 땅을 살짝 가로질러 태평양을 보았다. 어딘가로 통하는 길이었다.
하지만 몇 년 동안 태평양을 아무리 돌아다녀도 거친 물살과 찌푸린 하늘과 폭우밖에는 본 것이 없었다.
그래도 우리 정복대는 포기를 몰라요! 그쵸, 여러분? 여러분?
1528년 코르테스의 사촌 프란시스코 피사로는 함대를 이끌고 파나마에서 태평양으로 나섰다. 목적지는 남아메리카였다.
비바람과 굶주림과 지연과 폭동 위기를 넘기고 겨우 페루 해안에 도착했더니 검은 부스럼이 온몸에서 돋았다.
페루 사람들은 스페인 사람들을 본토에서 내쫓아버렸다.
피사로는 경치가 끝내주는 연안의 작은 섬으로 부하들을 데려갔다. 하지만 그 섬에는 먹을 것이 없었다.

이 길고 좁은 산악 지역은
길고 좁은 제국의 본거지라는 것을
피사로는 뒤늦게 알아차렸다.
꿀꺽!
이 제국은 문자가 없었지만 퀴푸스라고
해서 끈을 꼬아서 셈을 했다.
수천 년 동안 페루
사람들은 라마, 알파카 같은
동물의 털로 화려한 직물을 짰다.
열량은 주로 감자에서 얻었다.
더 줄까?
공기가 희박한 고지대에서 버티기 위해 그들은
마치 무엇엔가 놀란 여자처럼 생긴 그릇에다
라임 열매와 섞어서 코카 잎을
씹어 먹었다.

잉카의 창조 신화에 따르면 태양의 자손인 완벽한 오누이가 페루에 와서 '사람들에게 사는 법을 가르쳐주었다.' 사람들은 두 사람의 가르침을 받아들여 평화롭게 살았다고 한다.

그로부터 두 세기가 지나서 열 명 남짓 되는 잉카 집안사람들은 더 많은 사람들에게 사는 법을 가르쳤다. 1500년이 되면 잉카 왕족의 우두머리는 수도 쿠스코에서 제국을 다스리고 사촌과 형제는 지방을 완벽하게 다스렸다. 그러다가 나라의 운명을 뒤바꾸어놓는 가정사가 펼쳐진다.
잉카의 완벽성: 난초를 심은 계단식 밭에 물을 대고 집집마다 물을 끌어들이기 위해서 수로를 팠고 돌벽은 회반죽이나 시멘트를 쓰지 않았는데도 아귀가 착착 맞았다.
1500년경 잉카 왕족 와이나 카파크의 군대가 북부 지방의 키토를 점령했다.
새로 차지한 도시에 왔다가 카파크는 그곳 공주와 결혼했다.
두 사람 사이에서는 아타우알파라는 사내아이가 태어났다. 아기 엄마는 키토의 왕 노릇을 해온 조상들을 기리는 노래를 불렀을 것이다.

왕은 1525년에 죽었다. 순수한 잉카의 피를 받아 쿠스코에서 살던 맏아들 우아스카르가 후계자였다. 하지만 아타우알파는 호락호락하지 않았다!
힘내라, 우리 아들!
아타우알파는 발 빠르게 움직였다. 우아스카르한테 고분고분하게 굴면서도 군사력을 키웠다.
가서 다 형님을 위해서 쓸 거라고 말씀드려.
아타우알파는 군대를 잘게 나누어서 여러 길로 쿠스코로 보냈다. 의심받을 이유가 없었다.
수도 가까이에서 군대는 다시 뭉쳤다. 우아스카르는 반격에 나섰지만 이미 늦었다. 군사력에서 밀렸고 우아스카르는 포로가 되었다.
어서 가시지요!
아타우알파는 후환을 없애기로 마음먹었다. 그래서 몸에 순수한 잉카의 피가 흐르는 우아스카르의 친척을 모조리 죽였다.
정부 관리도, 잉카 여자로 들끓던 수녀원도, 태양신을 모시던 제관도 소탕했다. 수만 명이 목숨을 잃었다. 화를 면한 사람은 극소수였다.
수고했네!

피사로가 페루 해안에 닿은 것은
그 직후였다. 섬에서 쫄쫄 굶기를 여러 날
마침내 구조함이 도착했다.

피사로는 모래에다 줄을 긋고 부귀영화를 누리고 싶은 사람은
같이 남고 싫은 사람은 떠나라고 했다. 남은 사람은 세 명이었고
부귀영화가 싫어서 떠난 사람은 서른 명이었다.

하지만 지원병은 더 많았다. 스페인은 바닷가를
발판으로 삼았다. 그리고 소년을 붙잡아서 통역을
가르쳤다. 소년은 주관이 강했다.
예수님이 어떻게 태어났더라?
신의 어머니가 라마하고 짝짓기해서 낳은 거 아닌가요.

그들은 산으로 올라가서…
자, 복습이다. 그렇게 구유에 뉘었는데 멀리서 박사들이 와서…
그럼 라마는 밖에서 잤겠네. 너무 슬펐겠다.

마침내 2만 대군을 거느리고 나타난 아타우알파와 맞닥뜨렸다.
피사로는 코르테스가 멕시코에서 써먹었던 수법대로 나가려고 마음먹고 있었다.
와! 몬테수마가 되살아난 거 같다!

피사로를 따라온 신부가 한심한 통역을 통해 로마 가톨릭을 설명했다. 아타우알파는 거룩한 말씀이 들어 있다는 성서를 좀 보자고 했다. 그러고는 귀를 갖다댔다.
아무것도 안 들리니까 그대로 내팽개쳤다.
신부는 악을 썼고 갑옷을 입은 병사들은 아타우알파의 가마꾼들을 베기 시작했다. 가마꾼들은 지엄한 옥체가 바닥에 닿지 않도록 안간힘을 썼다.
쳐라!!
결국 스페인 군대는 왕을 생포했다. 피사로는 일이 각본대로 척척 굴러가니까 신났다.
실력은 좀 뒤질지 모르지만 결과는 똑같잖아요!
정복자들이 무엇을 요구했겠나? 당연히 금이었다. 아타우알파는 자기를 풀어주면 커다란 방에다 자기 키가 안 닿을 만큼 황금을 가득 채워주마고 약속했다.

알고 보니 페루는 멕시코보다 노다지였다. 태양 신전의 벽은 황금판으로 뒤덮였다.
눈을 못 떠요!
수많은 보석과 함께 이 황금판도 아타우알파의 방으로 실려왔다. 하지만 황금으로 방을 채우는 데는 생각보다 시간이 많이 걸렸다.
휴… 이렇게 세워서 쌓으면 안 될까요?
스페인 사람들은 금을 녹여 덩어리로 만들어서 챙길 건 좀 챙기고 산 밑으로 보냈다. 금괴는 파나마에서 스페인으로 갔다.
나머지는 지겹도록 들어온 잔혹과 파괴와 배신♪의 이야기다.
허 참! 제발 좀 탐험가로 불러 달래니까요!
아타우알파는 우아스카르를 죽였다. 피사로는 아타우알파를 죽였다. 피사로에게 돈을 댄 물주 하나가 자기 몫을 요구하다가 살해당했다. 피사로도 살해당했다. 피사로의 동생은 독립을 선포했다가 역시 살해당했다. 하지만 스페인은 페루를 차지했고 바다에서 가까운 리마를 새 수도로 삼았다.
정복이 끝나자 황금에 눈이 먼 군인들은 사방으로 흩어졌다. 그중에는 동쪽으로 산을 타고 넘어 밑의 울창한 밀림으로 들어간 사람들도 있었다.
가장 이성을 잃은 사람은 로페 데 아기레였다. 그는 아마존 강을 따라 내려가는 배에 올라탔다. 그러고는 지도자를 하나하나 죽였다. 나중에는 자기와 생각이 다르거나 그냥 수군거리는 사람까지 죽였다.
들릴락 말락하게 "그런데" 하기에 죽였다, 왜?
왜? 페루에서 아기레는 말대답을 하다가 곤장 백 대를 맞았다. 다리 한쪽은 부상을 당해서 절뚝거렸다. 몸이 편치 않은 데다 울분이 쌓이니까 자꾸 흉포해졌다. 나중에는 자기 딸까지도 죽였다.
마음이 여린 사람이 상처를 받으면 저같이 되는 겁니다!

잉카의 보물은 한탕으로 그쳤지만 페루의 노른자는 포토시였다.

# 포토시

밤이면 불을 땐 가마들이 반딧불처럼 반짝거렸다고 한다.
하지만 1560년대 중반이 되면 지표면에서 가까운 광맥은 다 동이 났고 포토시에서 나오던 은이 뚝 끊겼다.
스페인 왕은 포토시에서 은을 안정적으로 얻는 방안을 찾으라고 심복을 남미로 보냈다.
생지옥이 따로 없구만!
왕의 심복은 멕시코에서 배운 빠갠 원광석에다 보통 온도에서 수은을 부어 은을 갈라내는 방법을 알려주었다.
잉카 제국은 수은이 아주 해롭다고 보았기 때문에 아예 수은이라는 말 자체도 못 쓰게 했지만 스페인 사람은 아랑곳하지 않았다. 마침 부근에 수은광이 있었으니까 금상첨화였다!
저런 식으로 살다간 오래 못 버티는데…
국왕이 준 돈으로 거대한 제련소를 지었다. 새로운 제련법은 효과를 보았다. 인디언의 재래식 가마는 망했다.

광맥을 찾아 자꾸만 땅속 깊이 들어갔다. 원광석의 질이 워낙 좋았다. 스페인은 광부로 쓸 사람을 보내라고 원주민 부족마다 인원을 할당했다. 1년에 2천 명의 광부가 투입되었다. 별거 아니라고 생각할지 모르지만 그들은 거의 다 죽었다.
코카 잎을 아무리 씹어도 배겨낼 수가 없네요.
새로운 제련법이 자리를 잡으면서 은 생산이 크게 늘었다. 소수의 광산주는 떼돈을 벌어 말까지 요란한 장식을 하고 다녔다.
말한테도 경례!
왕의 심복은 도시도 스페인풍으로 다시 지으라고 명령했다. 광장이 생기고 쭉쭉 뻗은 한길도 생겼다. 매서운 칼바람이 빠져나갈 통로가 생긴 셈이었다.
음, 완벽하다!
그렇지만 광산을 가진 사람들끼리는 툭하면 싸웠다. 바스크 사람들과 나머지 사람들이 죽기 살기로 싸웠다. 은이 얼마나 남아돌았는지 병사들은 치아까지 은으로 단단히 씌웠다. 새로운 광장은 졸지에 싸움터로 변질되었다.
코카 일인분 추가!

현실주의 그림의 한 장면 같았다. 해발 4000미터가 넘는 도시에 사는 15만 명의 사람들은 한두 해가 멀다 하고 잔뜩 빼입고 싸움을 벌였다. 산소가 모자라서 말들은 서 있다가 픽픽 쓰러졌다. 여자들은 감히 집 밖으로 나갈 엄두도 못 냈다. 물론 아기를 낳을 때는 산 밑으로 내려가야 했다. 포토시에서 태어난 아기치고 살아남은 아기가 없다는 소문이 있었기 때문이다.
이 기묘한 무법천지♪의 도시에서 스페인의 군비를 무려 백 년 동안이나 댔다!!!
무법천지의 예: 근시인 사내가 당구를 치다가 자기가 이겼다고 주장한다. 상대방은 당구대 한복판의 동그란 닭똥을 가리키며 말한다.
자네 공은 저기 있잖아!
사내는 닭똥에 손을 대고 사람들은 박장대소한다.
그다음에는 칼부림이 난다.
정말 누군가 포토시를 영화로 만들었으면 좋겠다.
고산지대로 무대를 옮겨 뉴욕의 갱들이 벌이는 한판의 서부극을 만들자는 거죠.

# 몰랐던 이야기

드디어 1497년 왕은 바스코 다 가마에게 세 척의 배를 끌고 인도에 다녀오라고 지시했다.

다 가마의 배는 평소에 다니던 아프리카 뱃길로 갔지만
바람이 안 부는 적도 부근의 무풍대에서 몇 달이나 발이 묶였다.
망망대해에서 그렇게 허송세월하기도 쉽지가 않았다.
비타민 부족과 이런저런 병에 시달리다가 남서부에서
간신히 바람을 만났다.

모잠비크에서 선원의 절반을 잃고 나서야 겨우 북쪽으로 가는 뱃길을 찾았다.
인도인을 길잡이로 삼았고 오렌지를 한가득 실으니까 그제야 다들 제정신이 돌아왔다!

육지로 다가가는데 부둣가에서 누가 무엇 때문에 왔느냐, 당장 꺼지라고 스페인어로 소리를 질렀다. 그들은 대꾸했다.
선교와 후추 때문에 왔수!
부둣가에 있던 사람은 북아프리카에서 온 이슬람 상인이었다. 아니, 캘리컷에 있던 모든 뱃사람과 장사꾼은 페르시아인, 아랍인, 인도인, 아프리카인, 말레이인 할 것 없이 모두 이슬람교도 같았다!
허걱!
그런데 캘리컷의 통치자는 이슬람교도가 아니었다. 그렇다면 기독교도란 소리군, 무지한 포르투갈인은 그렇게 생각했다. 힌두교 사원을 구경한 다음에도 그렇게 믿었다.
교회에 있는 성자의 그림이 특이하네요.
그때부터 일이 꼬이기 시작했다. 왕의 측근들은 포르투갈인이 장사를 하겠다며 싣고 온 물건을 보고 웃음을 참지 못했다.
우리한테 아쉬운 건 황금뿐이라오!
이슬람교도들도 왕에게 포르투갈인은 글러먹었다고 말했다. 왕도 고개를 끄덕였다. 금을 가져오는 사람이 좋은 사람이었다!
그게 내 인생관이야.
생각이 모자라서 실례를 범했네요.
토론은 논쟁으로, 다시 주먹다짐으로 번졌다.
일단 사면 마음에 들 거라니까!
안 산다니까!
결국 포르투갈인은 빈털터리로 원한만 가득 품은 채 돌아갔다.
배고픈데 어디서 오렌지 좀 먹고 가면 안 돼요?
사먹으렴, 돈 있으면!

다 가마의 실적은 보잘것없었지만 포르투갈 왕은 군침을 흘렸다.
그러니까 좋은 물건을 만들든지 대포를 더 싣고 가야겠구만, 꿀꺽꿀꺽.
어느 세월에 좋은 물건을 만듭니까.
이듬해 중무장을 한 배가 출발했다. 선장 페드로 카브랄은 다 가마의 충고대로 바람을 따라 서쪽으로 가다가 브라질에 닿았다. 그리고 애매모호한 스페인과의 영토 분할선 동쪽에 있을 거라는 짐작으로 그 땅은 포르투갈 영토라고 선언했다.♪
스페인 땅
포르투갈 땅
쿵!
카브랄은 잘 타는 석탄의 빛깔을 닮은 주황색 염료가 나오는 브라자스라는 나무의 이름을 따서 그곳을 브라질이라고 불렀다.
인도에 여섯 달 만에 도착한 카브랄은 이슬람교도가 득시글거리는 곳에다 교역소를 세웠다.
이번에는 괜찮은 물건도 좀 있는 가게
BOUTIQUE
이슬람교도는 창고를 약탈하고 불 지르고 포르투갈 상인을 죽였다.
당시 뱃사람들은 위도는 쉽게 알아냈다.
위도는 적도에서 남쪽 또는 북쪽으로 얼마나 내려가고 올라갔는지를 잰다.
N
S
하늘에 뜬 북극성의 높이만 재면 위도를 알 수 있다.
경도는 동서의 위치를 잰다.
경도는 현지 시간을 기준 시간(지금은 영국의 그리니치)과 비교해서 잰다.
그러자면 시계가 아주 정확해야 한다. 1500년에는 그런 시계가 없었다. 자연히 경도는 어림짐작으로 쟀다.
차라리 점을 치시지 그래!
똑딱똑딱…
똑… 딱똑딱…
똑… 딱똑딱…

카브랄은 앙갚음으로 대포를 퍼붓고 나서 캘리컷을 떠났다.
남쪽으로 가다가 야자수가 늘어진 코친에서 캘리컷의 앙숙을 만나니 뿌듯했다. 코친 왕은 포르투갈 원정대를 반갑게 맞아주었다.
우린 참 공통점이 많구려!
예를 들면?
예를 들면 공동의 적이라든가, 그리고… 그리고… 그리고…
됐거든요!
폭동 소식을 들은 포르투갈 왕은 27척의 배를 바스코 다 가마와 함께 보냈다. 다 가마는 복수심에 불탔다.
복수, 복수, 복수!!!
도중에 다 가마는 메카 성지 순례를 마치고 고향으로 돌아가는 인도의 이슬람교도가 가득 탄 배를 덮쳐서 값나가는 물건을 약탈한 것까지는 좋았는데…
굳이 사람들을 짐칸으로 몰아넣고 불을 질러서 배를 가라앉혀야만 했을까?
그리고 변상을 받으러 캘리컷으로 갔다.

부두 노동자들은 불안하게 세상 소식을 주고받았다. 더 이상 폭탄을 원하는 사람은 캘리컷에는 아무도 없었다. 캘리컷 왕은 폭동 주동자를 넘겨주고 포르투갈이 본 손해를 물어주겠다고 했다. 다 가마는 모든 이슬람교도를 캘리컷에서 몰아내라고 요구했다. 왕은 배상액을 올렸다.
그래도 말이라도 하는 게 어디야. 잘 풀릴 거 같아요. 아무렴!
내 누이가 폐하의 비서의 비서의 군것질 대주는 사람하고 친한데 내일쯤이면 잘 해결이 될 거라던데…
잘됐네! 그럼 다시 일할 수 있겠구나!
일이 순조롭게 풀리는 줄 알고 어부들은 고기를 잡으러 포르투갈 배 옆으로 지나갔다.
그런데 아뿔싸, 다 가마를 합리적인 사람으로 믿었던 것이 잘못이었다.
이슬람교도는 캘리컷에 발을 못 붙인다고 했소!
그, 그렇지만
포르투갈의 대포가 다시 캘리컷 쪽으로 불을 뿜었다. 어부들도 봉변을 당했다.
제정신이 아니로군!
그러고는 코친에서 후추를 싣고 떠나갔다.
이제는 전쟁이었다. 포르투갈인이 사라지자 캘리컷은 코친에 앙갚음을 했다.
포르투갈인은 대함대를 몰고 왔다. 1503년과 1504년에 수십 척의 배가 인도로 떠났다.
캘리컷의 아랍인은 떠나기로 결심했다. 사람을 가득 실은 배가 홍해로 가다가 포르투갈인에 걸려 몰살당했다. 캘리컷은 초토화되었다.

이런 식으로 포르투갈은 인도에서 서양으로 가는 향신료 무역을 거의 독점했다. 후추, 정향, 계피는 한때 홍해를 통해 이집트까지 실려갔지만 이제는 곧바로 포르투갈이나 리스본으로 갔다.

이집트 카이로의 향신료 무역은 엄청난 타격을 받았다. 이집트 상인들은 쫄딱 망했다.

이집트는 인도로 해군을 보냈다. 1508년 이집트 해군은 포르투갈군을 쳤지만 이듬해 포르투갈은 혼잡한 항구에 이집트군의 발을 꽁꽁 묶어놓고 접전 끝에 하루 만에 섬멸했다.

1509년부터 포르투갈의 새 제독 아폰수 데 알부케르케는 인도 해역의 모든 항구를 요절냈다. 산호가 아름다운 스와힐리 해안의 항구들도 박살냈고 페르시아 만의 호르무즈도 손에 넣었고 중국과 인도네시아 물건이 아프리카, 인도, 서아시아 상품과 만나던 가장 흥청거리던 항구 말라카도 장악했다.

포르투갈은 고아, 마카오, 말라카, 모잠비크 등 뿔뿔이 떨어져 있지만 전략적으로 중요한 작은 항구로 이어진 특이한 제국을 만들었다. 그런 식으로 동쪽 대양을 지배했다.

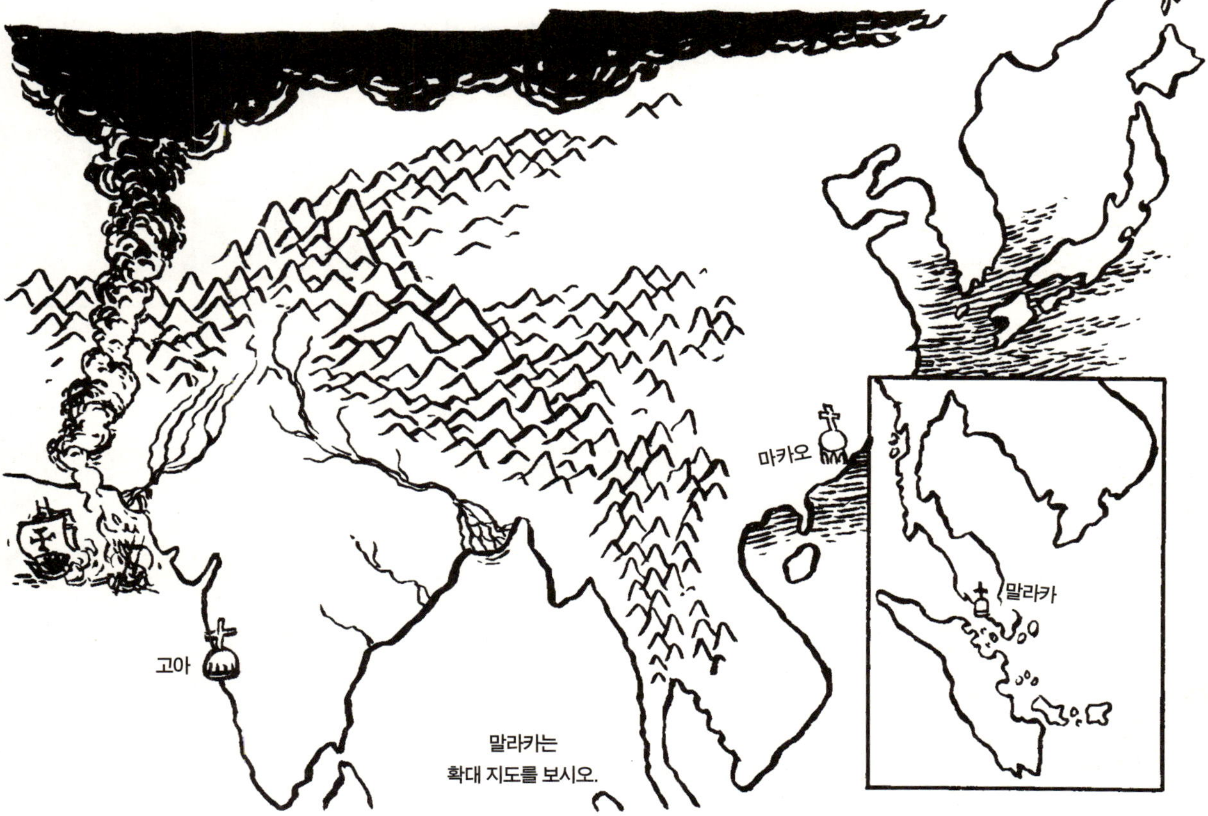

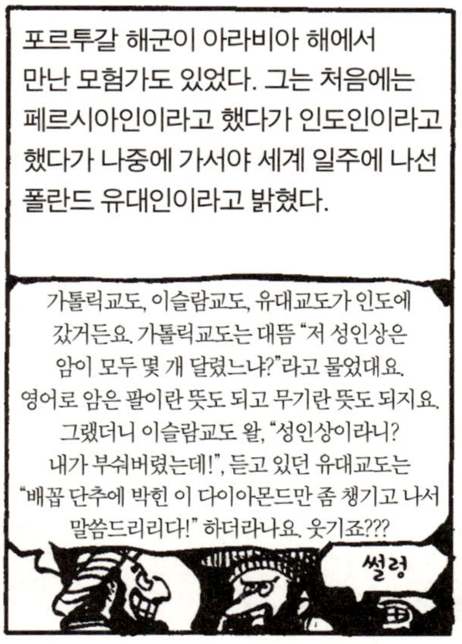


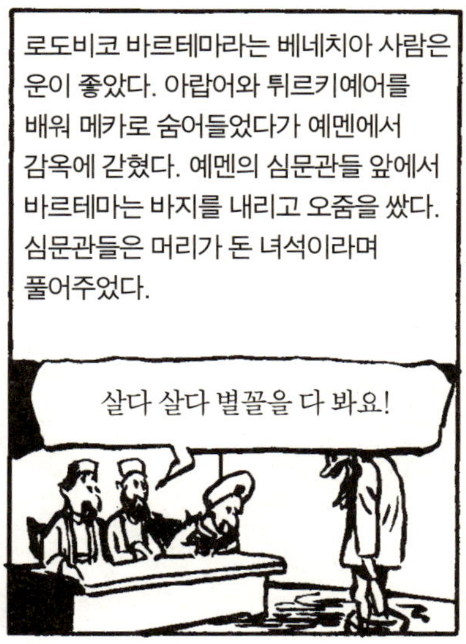

이런 식으로 산전수전 다 겪은 포르투갈의 뱃사람이 있었으니 바로 페르나우 마젤라우였다. 그는 엔리케 말라카라는 필리핀 출신 노예를 데리고 고향으로 돌아갔다.
행실이 글러먹었다고 포르투갈 군대에서 쫓겨난 마젤라우는 스페인으로 가서 페르난도 마젤란이 되었다.
인도 하면 나라니까요!
와!
와!
구직안내소
아시아를 훤히 알고 포르투갈을 미워하는 마젤란은 스페인 입장에서는 굴러들어온 복덩어리였다.
여러분이 아는 한심하고 무능하고 게으른 인도는 인도가 아니라고 이 연사 주장합니다!
참 아는 것도 많네!
코르테스가 멕시코를 치기도 전이었던 1518년 스페인은 진짜 인도를 찾아내라며 마젤란을 스페인 구역으로, 그러니까 서쪽으로 보냈다.
내 지혜와 상식을 깔아뭉개고 비웃었던 못된 포르투갈 놈들, 두고 보자!
다섯 척의 배는 늘 당하기 마련인 굶주림과 괴혈병과 반란과 발광을 겪고 남아메리카를 돌아 거친 태평양으로 들어섰다.
어흑!
마젤란 해협
원정대는 필리핀에 닿았다. 정신이 오락가락하던 마젤란은 우박처럼 날아드는 화살 속으로 걸어가다가 죽었다.
돌격하라! 떨지 마요! 오빠가 여기 있잖니!
하지만 하인 엔리케 말라카는 살아남아 집으로 돌아왔다. 지구를 처음으로 한 바퀴 돈 것은 실은 이 사람이었다.
세상은 넓은데 한 일이 없어서 죄송합니다, 아버지!

선원들은 항해를 계속했다. 인도에서는 포르투갈인을 만나서 고생도 하고 배 한 척도 잃고 쫄쫄 굶고, 기타 등등.
모험을 하자면 고생도 좀 하고 사람도 좀 죽고 그래야죠! 안 그러면 모험이 아니죠!
주둥이 함부로 놀리지 마라!
나중에는 작은 배 한 척만 남았는데 일부 선원들은 여기에 후추를 가득 싣고 떠났고 나머지는 아시아에 눌러 살았다.
게헐벙은 이제 지거어, 아아드어?
뭔 소리유? 잇몸 사이로 바람 새는 소리밖에 안 들려!
스페인까지 살아 돌아온 사람은 겨우 18명이었다. 그중에 기적적으로 포함된 사람이 항해일지를 쓴 안토니오 피가페타였다. 비싼 돈을 주고 배에 탄 그 이탈리아 여행가는 모든 것을 기록했다.
실성을 하더니 이젠 이슬람교도처럼 구네!
피가페타, 이 일은 일기에서 빼주게!
못 빼요!
못 빼요!
빼!
스페인은 환호했다. 투자자들도 신이 났다. 그렇게 손실이 컸는데도 원정으로 105퍼센트의 이익을 거두었다!!!
후추 값이 금값이거든요!
사람 목숨 값은 똥값이구요.
필리핀에서도 엔리케 말라카는 유명인사가 되었다. 요즘도 그의 이름으로 된 웹사이트가 있다.
이 오빠가 최초의 세계인 되겠습니다.
어머!
어머!

다시 포르투갈로 돌아와서 동쪽 바다를 제압한 이 작은 왕국은 타조 알을 먹는 뱀처럼 브라질을 삼키기 시작했다.
브라질에서는 뭘 챙길까? 호두? 나무에서 나는 염료? 그것만으로는 성에 안 찼다.
결국 사탕수수 농장을 만들기로 했다. 그런데 일은 누가 하나?
우라질! 땅 파먹고 살려고 여기까지 온 줄 아나?
물론 아프리카인에게 일을 시키면 그만이었다. 포르투갈은 앙골라를 식민지로 만들고 부지런히 흑인 일꾼을 실어왔다.
내가 늘 말하지 않습디까, 궁하면 통하는 법이라고!
속담에 이르기를, "앙골라가 없으면 브라질도 없는 법."
브라질은 워낙 땅덩어리가 커서 숨을 데도 많고 배를 타고 달아날 강도 많다. 게다가 사탕수수 일꾼들은 큰 칼이 있다!
저놈들 잡아라, 너무 가까이 가지는 말고!
그래서 공식적으로 생겨난 도시 말고도 브라질에는 달아난 노예가 세운 정착촌도 곳곳에 들어섰다.

평등을 지향한 식민지답게
브라질은 흑인만이 아니라
인디언도 노예로 삼았다.
노예무역의 중심지는
상파울루였다.
살바도르
리우데자네이루
상파울루
부에노스아이레스
정부의 손길이 미치지 않은 상파울루로 일확천금을 노리는
사람들이 모여들었다.
한탕을 노리는 이 사람들은 무장을 하고 그림 같은 곳에서 살아가던
과라니족을 덮치러 파라과이까지 올라갔다.
한술 더 떠서 내륙을 통해서 포토시까지
간 사람들도 있었다.
거기서 조금씩 빼돌려진 은은 대륙을
가로질러서 해적들이 거점으로
삼았던 부에노스아이레스라는
후미진 동네까지
흘러들어갔다.
우리
차례네요.

# 세계화

스페인은 자기네 뒷마당에서 벌어지는 일을 까맣게 몰랐다. 아메리카를 차지한 스페인은 무조건 서쪽에, 아시아에 눈독을 들였다.
재네들은 잠시도 가만있지를 못하네.
스페인은 진짜 인도로 가서 포르투갈의 뒤통수를 치겠다는 꿈에 아직도 젖어 있었다.
어흑! 난 우리가 너희들 뒤통수를 치는 줄 알았는데!
세상은 둥글다고! 돌고 도는 거야!
1500년대 중반부터 멕시코에서 태평양으로 아시아 원정대가 잇따라 출발했다.
어떻게 된 게 한번 떠나면 감감무소식이네.
1570년 드디어 마젤란이 목숨을 잃었던 땅을 찾아냈다. 포르투갈인이 안 보이자 스페인 측은 그 섬들을 자기네 땅이라고 우기고 펠리페 스페인 국왕의 이름을 따서 필리핀이라고 불렀다.
휴… 또 난리를 피우겠군.
여느 때처럼 스페인은 피비린내 나는 정복 전쟁을 벌이고 자기네 종교로 개종을 시켰다.
드디어 인도로 성큼 다가섰다! 아시아에 거점을 마련하고 중국의 코앞까지 진출했다!
띵호아!

그런데 딱 하나 문제는 중국의
명나라 황제들이 외국인은 얼씬도
못 하게 했다는 것!
이, 이런
법이…
닥치시게.
우린 올라갈 만큼 올라가서
이젠 좀 내려가고 싶거든!
그런데 스페인이 쌓아놓은
은만큼은 환영했다.
왜냐고? 보편적으로 추구해야
할 가치라는 게 있잖아!
그래서 모두가 필리핀에서 만났고
다른 나라를 물들이지 않았다!
아메리카에서 나는 은이 하도
중국으로 흘러들어가서 나중에는
스페인도 은이 모자랐다.
으익!
그 많던 은이?
자유무역의
말로인 줄로
아뢰오.
1598년 스페인 왕은
마닐라로 가는 배를 1년에
두 척으로 묶었다.
와! 큰손은 역시
다르네!
마닐라 상인들은
어마어마하게 큰 배를 만들어
난국을 돌파했다.
배수량 2000톤에
천 명이 타니까
말 다했죠?
누가 물어봤어?
(그런 큰 배가 가라앉은 바다에는 얼마나 많은 보물이 묻혀 있을까!)

그렇지만 세계화는 아직 멀었다고 볼 수도 있었다. 고추 말고는 인도는 처음에 세계화의 영향을 거의 안 받았다.

# 시크와 무굴

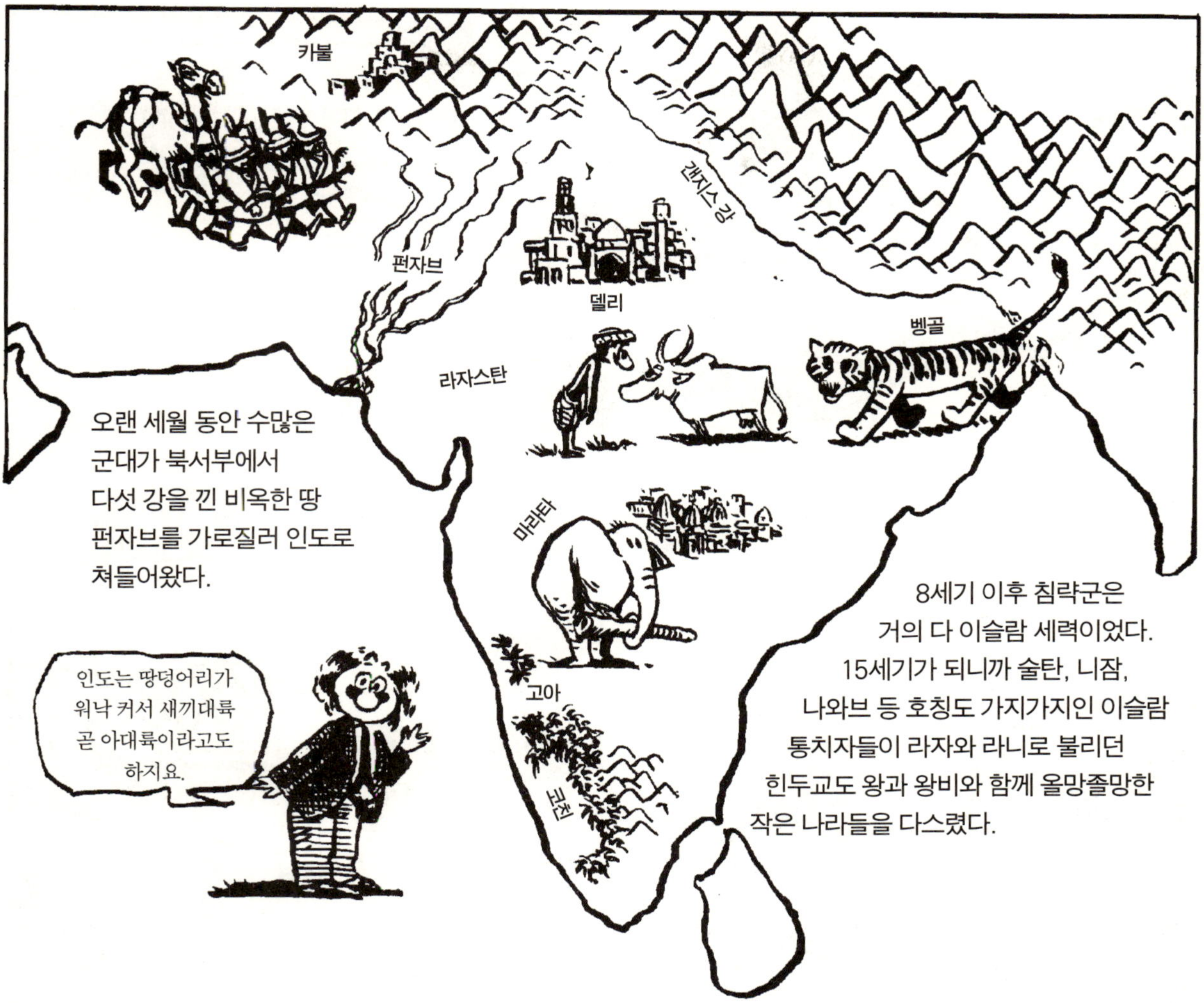


이슬람으로 개종하는 힌두교도가 늘어나면서 두 종교는 서로를 모욕하고 비방하기 시작했다.

그런데 자네들 힌두교도는 모든 신은 단 하나의 신성이 이런저런 모습으로 나타나는 것이라고 믿지.
자네들 이슬람교도는 사람은 모두 평등하다고 믿고
자네들 힌두교도는 신앙에 아주 관대하고
자네들 힌두교도는 명상술을 만들어냈고
자네들 이슬람교도는 자선과 자비와 연민을 가르치고
이렇게 말이 통하는 사람들도 있었다!
이 두 사람은 이슬람교도가 많은 펀자브에서 관리로 일하던 힌두교도 나나크와 그의 절친한 벗으로 이름난 악사였던 이슬람교도 마르다나였다.
그래도 가끔은 우리끼리도 이놈 저놈 할 때가 있답니다, 허허허!
이럴 게 아니라 우리도 뭔가 보여줘야 하지 않겠나!
자네야 보여줄 게 수염밖에 더 있나.
나나크는 명상에 들어갔다.
1499년 나이 서른에 깨달음을 얻고 한 첫마디.
힌두도 없고 이슬람도 없다!
그러고는 그런 생각을 노래로 만들어 마르다나 앞에서 불렀더니 반응이 좋았다.
나보다 낫네!

이제 구루(스승) 나나크가 된 나나크는 북인도를 다니면서 설법을 하고 친구의 반주에 맞추어 노래를 불렀다.
설법에서 강조한 내용은 딱 하나, 의식은 불필요하다는 것이었다. 한번은 힌두교도 농부들이 허공에다 물을 뿌리는 것을 보았다. 나나크는 이유를 물었다.
수리야 태양신께 제를 올리는 중입죠, 곡식 좀 잘 키워달라고!
그거 말 되네!
구루 나나크는 북서쪽으로 물을 뿌리기 시작했다.
안 그러신 분이었잖아요!
나도 곡식 좀 잘 키워달라고!
이 물이 해까지 닿는다면 당연히 펀자브에 있는 내 땅에도 닿지 않을까 싶어서!
신분제도 질타하고 남녀평등을 가르쳤다. 구루 나나크는 모든 사람을 품었다.
그의 가르침은 복잡하지 않았다. 아름다운 우주의 본모습, 그것이 바로 하나뿐인 신이다. 우리는 그 하나 됨을 명상하고 서로를 감싸야 한다.
또요?
그게 단데…

명성이 커지면서 나나크의 활동 무대도 넓어졌다.
그는 인도 전역을 걸어 다녔고 스리랑카까지 건너갔다.
나중에는 이슬람 학자인 척하고 메카까지 다녀왔다.

어디서나(메카는 빼놓고)
나나크는 의식, 성직, 우상 숭배,
억압을 내세우는 종교를 공격했다.
그를 추종하는 시크교도는 지금도
이런 원칙을 따른다.

여기서 아프가니스탄에서
온 이 사내 이야기를
좀 들어보자.

그는 1483년 아프가니스탄 북쪽의 페르가나라는 울창한 계곡에서 태어났다.
아랄 해
페르가나
나이값을 했어야지.
어릴 때 이름은 나스르 우드-딘 무함마드였지만 튀르키예어를 쓰는 가족한테는 너무 복잡해서 그냥 바부르라고 불렀다. 비버라는 뜻이었다.
털북숭이라서 그렇게 부르나?
그러게.
페르가나의 토후였고 뼈대 있는 티무르의 후손이었던 아버지는 바부르가 겨우 열한 살 때 (1494년 6월 8일) 새하고 놀다가 추락사했다.

바부르는 아버지의
부하, 참모, 충복과
머리를 맞댔다.
쑥덕쑥덕
사촌이 많았기 때문에 도움이 필요했다.
믿을 수 있는 도시는 드물었고 하나같이 우두머리가 되려고 했다!
이제부터 저 헛간을 지키러 미르자-샤 레자와 싸웁시다!
이제부터 저 쑥대밭을 사수하러 나스-루딘 압둘라와 싸웁시다!
이제부터 저 옥외 변소를 차지하러 우마르 셰이크-미르자와 싸웁시다!
페르가나에서 밀려난 바부르는 10년 동안
아프가니스탄을 떠돌면서 친척들과 싸웠다.
오늘은 어떤 사촌하고 붙는 건가? 레자 샤 미르자? 미르자 레자 샤?
아닙니다. 친척은 아니고 우즈베키스탄의 우스만하고 붙습니다.
쉴 때는 마준이라는 대마초 사탕을 먹으며
대지를 바라보았다.
미르자 레자 샤 레자 미르자 샤 샤 하 와아아하하!!!
1505년 바부르의 군대는 카불을 점령했다.
바부르에게는 낙원처럼 보였다.
멋있다! 기똥차다! 어디하고 비교되네!
아무래도 대마초 사탕을 너무 많이 드신 듯…
바부르는 카불을 지켜서
새로 왕궁을 짓고 살았다.
몇 년이 지나니까 이번에는
자꾸만 인도로 마음이 끌렸다.
그래서 높은 물이 밑으로
흐르듯 인도로 내려갔다.
후, 덥다!

아프간 사람이 견디기에는 무더운 날씨였지만 인도는 사람을 끌어당기는 매력이 있었다.
보석에다 상아에다 공작에다 세금을 매길 사람도 많고…
1519년 바부르는 국경선을 건드리기 시작했다. 1521년에는 펀자브로 쳐들어가서 나나크도 만났다.
산다는 게 참 즐겁죠? 그죠?
그러고는 카불로 돌아가서 땀도 식히고 약탈한 물건도 챙겼다.
휴…
하지만 못된 버릇을 버리지 못하고 툭하면 돌아왔다. 그러면서 무장한 코끼리 부대를 향해 대포를 날린다든가, 매번 새로운 전법을 익혔다.
1525년 아예 눌러 살려고 왔다. 아프간 군대는 델리로 쳐들어가서 북인도 연합군을 무찔렀다.
마흔두 살의 나이로 바부르는 명실상부한 제국을 다스리게 되었다!
너무 넓어!

한편 시크 운동은 아무 탈 없이 잘나갔다. 힌두교도와 이슬람교도가 모두 나나크를 따랐다.
스승님한테 혼나거든요.
바로 그때 포르투갈은 알다시피 인도 서해안으로 무섭게 파고들었다. 그렇지만 나머지 지방은 전과 다를 바 없이 평온하게 돌아갔다.
스승님하고 외적한테 시달리는 게 어디 한두 번이라야 말이지!
언니, 그래도 이 매운 고추는 먹을 때마다 새롭네!
바부르는 1530년에 죽었다. 인도식으로 성대한 장례식을 치르고 나서 카불에 묻혔다.
나나크는 1539년까지 살았다. 그가 죽자 힌두교 쪽에서는 화장을 원했고 이슬람교 쪽에서는 매장을 원했다.
잠깐, 격식을 따지지 말라는 게 스승님의 좌우명 아니었남?
양쪽은 결정을 미루었다. 다음날 시신이 놓여 있던 곳에 꽃이 한가득 놓여 있었다.
기적이다!
그들은 꽃 더미를 둘로 나누어 마음대로 처리했다.
밤에 당신이 몰래 빼돌린 거 아니우?
원래 기적에 약한 게 사람 아니우.

바부르의 아들 후마윤은 무굴* 왕좌와 함께 적도 물려받았다. 적은 젊은 왕을 인도 밖으로 쫓아냈다.
* 인도인은 바부르 집안을 무굴이라고 불렀다. 몽골인이라는 뜻이었다. 그런데 사실은 튀르키예인이었다.
후마윤은 이란까지 쫓겨갔다. 페르시아인은 무굴의 왕을 박대하지 않았다.
고추 맛 한번 보실라우?
됐거든요, 우린 밥하고 푸짐한 양고기하고 건포도만 있으면 되거든요.
페르시아를 등에 업고 후마윤은 1542년 인도로 돌아와서 다시 델리를 차지했다.
무굴 음식이 입에 맞으십니까?
먹어본 적이 없어서요.
1556년 후마윤은 계단에서 떨어져서 죽었다.
사람 팔자 알 수 없네…
도대체 저 집안은 떨어져 죽지 못해서 한이 맺혔나?
할아버지처럼 후마윤도 어린 아들에게 왕국을 남기고 갔다.
마음 독하게 잡수시오. 미끄러운 신발 신지 말고!
반질반질한 대리석 계단이 문제라니까.
술 때문이 아니구요?
쉿!
아크바르(위대한 사람)로 알려진 이 소년은 무력과 정치적 수완을 적절히 뒤섞으면서 인도를 50년 동안 다스렸다.
그 사람들 고추를 먹어주면 좋아할 것으로 아뢰오.
우선 삐딱한 힌두교도의 마음을 사로잡아야겠는데…

특히 아크바르가 총애한 것은 힌두교를 믿는 라즈푸트라는 호전적 종족이었다.
자! 수고했네! 짐은 사람 차별하지 않는다네!
라즈푸트는 아크바르 밑에서 싸우면서 무굴 제국이 인도를 정복하는 데 큰 힘이 되었다.
아크바르는 라즈푸트 출신의 공주와 결혼까지 하고 공주가 따르던 힌두교 학자까지 신임하는 바람에 독실한 이슬람교도들은 격분했다.
말 좀 하는 것도 그리 티꺼운가?
그럼요! 티껍죠! 티껍구 말구요!
사실 아크바르는 동물 싸움을 즐기는 왕처럼 종교 논쟁을 즐겼다.
싸움이 훨씬 세련되었거든.
시크교도도 땅을 가질 수 있게 해주었다. 지금도 펀자브에는 시크교의 가장 중요한 성전이 있다. 한 시크교도가 아크바르에게 이런 말을 했다.
"출생도 신분도 아무 소용없습니다. 행동이 사람을 만들고 사람을 허뭅니다. 종교를 가지고 사람을 우려먹는 것은 신성모독입니다. 모습을 섬기거나 연민이나 자기포기에 의해서가 아니라 물로 죄를 씻거나 여자를 포함해서 많은 사람을 열등한 존재로 비하하는 것은 종교가 아닙니다."
말도 안 돼.
델리에서 황제를 본 어떤 포르투갈인 신부는 이런 글을 남겼다.
"무신론자가 흔히 저지르는 잘못을 그 왕도 범한다. 이성을 신앙의 밑에다 두기를 한사코 거부하고 인간이 이해할 수 있는 한도를 넘어서는 문제를 불완전한 자신의 판단으로 처리하면서 자족하기 때문이다."
그것이 무신론자의 정의라면 우리에게는 무신론자가 많을수록 좋다. — 네루
아크바르는 심지어 자기 종교도 창시했다. 하지만 어디까지나 아크바르만 섬기는 종교이다 보니 관심을 못 끌었다.
제가 있잖아요.
어휴

아크바르는 인도 문화를 모두 끌어안으면서 힌두 양식과 이슬람 양식을 하나로 녹였는데 그것은 아크바르가 죽은 다음에도 이어졌다. 1630년대에 아크바르의 손자인 샤 자한이 사랑하던 아내 뭄타즈 마할의 묘로 만든 눈처럼 하얀 돌로 된 타지마할은 무굴 건축이 이룩한 금자탑이었다.

1606년 아크바르가 죽자 관용은 줄어들고 탄압이 시작되었다. 목소리가 컸던 시크교 지도자가 샤 자한의 지시로 처형당했다.
저도 좀 화끈한 면이 있거든요!
희생자의 아들이었던 하르고빈드 싱은 시크교도들에게 우리도 싸울 줄 알아야 한다고 말했다.
자, 이게 뭔지 아는 사람?
모르고 싶어요!!
교조 나나크는 비폭력을 주장했지만 하르고빈드는 세상을 등지지 말라는 것이 그분의 가르침이라고 주장했다. 박해자와 싸우는 것은 의무였다.
이제부터 약한 소리하는 인간은 각오해!
그래서 펀자브 농민들은 훈련을 받았다.
그리고 싸웠다.
그리고 무굴 군대와 싸워서 다섯 번을 이겼다.
신난다! 이슬람 사원에다 걔네들이 싫어하는 돼지 피를 뿌리자!
그럴까!
그리고 하르고빈드 싱은 인도 곳곳으로 사람을 보내 무굴 제국과 싸우자고 들쑤셨다.

1658년 샤 자한이 죽었다. 근엄하고 신심이 깊고 고집이 셌으며 털보 아저씨처럼 생긴 후계자 아우랑제브는 왕국 안의 힌두교도에게 최후통첩을 내렸다.
쓸어버려!
인도 중서부에서는 시크교도 람 다스가 마라타족♪을 부추겼다. 마라타족은 그 뒤로 40년 동안 무굴 제국을 상대로 게릴라전을 벌였다.
맹추들아! 힌두교도를 때려잡으라는 게 아니잖아!
시크교도를 쓸어버리랬잖아!
한편 무굴 제국의 손길이 닿지 않는 남부 인도의 마두라이에서는 힌두교도들이 통로 역할을 하는 커다란 탑들이 있고 등신대의 석상이 색색깔로 칠해진, 타지마할과는 백팔십도 다른 너무나 어지러운 사원을 세우고 있었다.
♪ 마라타족의 독립 전쟁을 이끌었던 시바지의 조각상이 지금 인도 뭄바이의 부둣가에 서 있다.
마라타 민족주의는 지금도 뭄바이에서 울려 퍼진다. 시브 세나라는 극우 정당은 뭄바이 경제를 장악한 구자라트족과 남부 인도인을 때로는 물리적으로 공격한다.
그런데 시브 세나 운동을 처음 시작한 발 타케라이는 원래는 만평가였다.
자네, 혹시 소재가 바닥나니까 운동권으로 나선 거 아닌가?
자꾸 만화 주인공처럼 살고 싶어지더라구요!
자화상

아우랑제브는
호전적이지 않은
좀 만만한
종족을 구워삶기로
마음먹었다.
점잖은 학자가 많은 푼디트족에게
이슬람교를 믿으라고 요구했다.
안 그러면 죽는대!
푼디트족 사람들은 시크교도의 조언을
들으러 펀자브로 갔다.
9대 지도자인 테그 바하두르가 곰곰이 생각하다가
"누군가가 여러분 대신 나설 수만 있다면" 하고 읊조리니까
그의 아들이 대뜸 말했다. "아버지가 가시면 되잖아요!"
네 어미가 그렇게 가르치디?
그래서 테그 바하두르는 몇 사람과 함께
아우랑제브를 만나러 델리로 갔다.
아우랑제브는 쾌재를 부르며 푼디트족
대신 시크교도를 고문하고 처형했다.
물론 인권 침해가 이루어지지
않도록 최선을 다했습지요!
시크교도는 이 바하두르를 다른 종교를 위해 목숨을 던진 지금까지
유일무이한 종교 지도자로 추앙한다.

테그 바하두르의 아들 고빈드 싱은 이제 10대 지도자가 되어 저항을 이끌면서 펀자브에서 무굴의 패권을 깨뜨렸다.
아버지는 너무 만만해 보였던 거야!
그러면서 지금까지 내려오는 몇 가지 원칙을 만들었다.
● 앞으로는 사람을 지도자로 받들지 않는다. 시크교 경전 그란트가 지도자 역할을 한다.
● 모든 시크교도가 지도자가 되어야 한다.
● 시크교도 남자는 신앙을 나타내는 ㅋ으로 시작되는 다섯 가지를 항상 지녀야 한다.
케쉬 = 자르지 않는 머리
캉가 = 나무나 상아로 만든 빗
카라 = 쇠로 만든 팔찌
쿠차 = 반바지
키르판 = 단검
시크교도한테서 힘을 얻은 마라타족은 독립을 쟁취했고 무굴 제국은 무너지기 시작했다.
휴…
동부 해안에서 인도는 또 다른 불청객과 맞닥뜨렸다. 영국이었다.
영국이라? 어디 있다가 갑자기 나타난 거야?
미안하오! 내가 잠깐 조는 사이에 자기가 먼저 튀어나왔구려.
무굴 제국은 결국 그 화려한 칭호만 남은 채 델리 주변의 보잘것없는 소국으로 줄어들었다. 다른 종교를 박해하다가 자기가 무너지고 말았다.
그러니까 남의 가슴에 못을 박으면 안 돼요. 사람들이 참 어리석지.
언니, 우린 고추나 먹자!
다음은
더 지독한 종교 탄압!

어떤 철학자가 이런 말을 했지요.
"종교는 인민의 아편"이라고.
졸린 성당
권력자들이 종교를 앞세워서 사람들이
비판적으로 생각하지 않고 고분고분 순종하게끔
만든다는 뜻으로 한 말이겠지요.
음,
저 감미로운
선율!
그렇지만 종교는 사람들의 피를
끓게 만들기도 한다는 사실을
잊어서는 안 됩니다.
이제부터 여러분은 옛 신앙을 버리고
새 신앙을 받아들이는 과정에서 일어나는
혼란상을 보게 됩니다!
신앙심에 불탄 나머지 양쪽 진영은
반란을 일으키고 약탈을 일삼고
심지어는 살인까지 저지릅니다!
쾅
이제 타임머신을 타고 1492년으로 돌아가면 여러분은
그 철학자의 말이 반은 맞았고 반은 틀렸다는 것을
깨달을 수 있을 겁니다.
머크 매뉴얼

3
선행?
헌금 받습니다!
1492년에 내가 교황이었다고 치자. 나는 수많은 사람을 구원의 길로 이끌고 이 나라 저 나라의 사제와 수도사에게 집과 교회와 성찬용품과 예복도 챙겨주고, 호사스러운 옷을 입고 궁전에서 살고, 무수한 하인과 예술가를 부리고, 왕들과 어울리고 이 나라 저 나라에 대사를 보낸다. 그런데 이런 일을 다 하려면 무엇보다도 돈이 있어야 한다.

어디서 돈을 구할까? 먼저 십일조라는 것이 있다. 이것은 신자들이 번 돈의 10분의 1을 교회에 바치는 헌금이다.

하지만 그것만으로는 모자란다.
아무리 받아봐야 내 무릎에도 못 미치잖아.
그래서 1492년 교황 인노켄티우스 8세는 은전을 거래하기 시작했다.

원리는 이렇다. 교회에는 보통 수입원이 딸려 있다. 수입원은 토지, 임대 수입, 치즈를 팔아 번 돈 등을 말한다.
종교도 엄연히 사업이거든요!

그래서 수입원이 딸린 물건이 나오면 교황은 가장 높은 가격을 제시하는 사람에게 그것을 판다. 이것이 은전 매매다.
자아아, 천이요 천, 천입니다 천, 좋고, 이백 더 가서 천이백이요 천이백, 좋고, 다시 이백이 붙어서 천사백이요 천사백, 좋고, 다시…

대개는 자식에게 재산을 물려주는 수단으로 귀족이 사들였다. 맏아들에게는 집안의 영지를 주었고, 나머지 아들들에게는 이런 교회 재산을 물려준 것이다.
요 다음에 커서 돈 많이 벌어라!

교황은 또 이름뿐인 성직도 팔았다. 이런 한직을 받으면 의무는 하나도 없었고 수입만 챙기면 됐다!
우씨! 이건 단추잖아!

교회가 돈을 모으는 방법은 또 있지만
그건 나중에 설명하겠다.
튀르키예 타도!
아낌없이 기부하세요!

이렇게 성직을 거래하니 자연히 교회 지도자들과
유럽의 귀족들은 가깝게 지냈다.
삼촌, 이모, 형님, 누나, 조카, 며느리, 사위까지 제가 이분한테 다 팔았거든요.
수고 했구먼!

교황은 당연히 정치에도 깊숙이 개입해서 특정한 집안을
감싸고돌았고 거기서 소외당한 사람들은 교황에게
나쁜 감정을 품었다.
저 위선적이고 탐욕스럽고 사기만 치고 예수에 먹칠을 하고 비인간적이고 권력 놀음만 하는 썩어빠진 족속들!!!
피장파장 아닌가요?

1492년은 인노켄티우스 8세가 죽은 해이기도 하다.
스페인의 로드리고 보르자는 알렉산데르 6세라는
이름으로 새로 교황이 되었다.
제가 좀 밝힙니다!

보르자는 거느린 교회도 많았지만 애인도 많았고
거두어야 할 자식도 많았다. 돈도 좋아했지만
권력도 좋아했다.
자기만큼 타락한 교황이 또 있을까?
나처럼 살지 말라고 교훈을 주는 거야!

1492년 알렉산데르 보르자 교황의 머릿속에 들어 있던 유럽의 가톨릭 교세는 이랬을 것이다.

**잉글랜드:** 내전이 너무 잦고 좀 낙후되었지만
이단자가 가끔 나타나서 탈이지 그런 대로 괜찮은 가톨릭 국가.

**아일랜드:** 잉글랜드가 툭하면 쳐들어간
가난한 나라. 그렇지만 믿을 만한 돈줄.

**프랑스:** 강력한 왕에 의해서
얼마 전에 통일된 강국.
이웃한 스페인, 이탈리아하고
티격태격하는 사이.
그런 대로 말은 잘 듣지만
정치적으로는
문제가 될
가능성이 있음.

**스페인:** 보르자의 모국.
페르디난도 왕과 이사벨라 여왕이 얼마 전에
무어인을 타도하고 유대인을 내쫓았음. 모범생!

**포르투갈:** 거칠고 도전심이 강함. 북아프리카의
회교도와 한판 붙기도 함. 아프리카 무역으로 떼돈을 벌었음.
마음에 드는 나라!

**플랑드르와 네덜란드:**
플랑드르는 알부자.
네덜란드는
그다음 가는 알부자.
플랑드르의 멋진 그림.
오스트리아가 지배.

**이탈리아:** 다섯 나라로
쪼개졌음(나폴리, 교황국,
피렌체, 밀라노, 베네치아).
여기서 돈을 많이
거둬야 하는데
생각대로 잘 안 되네.

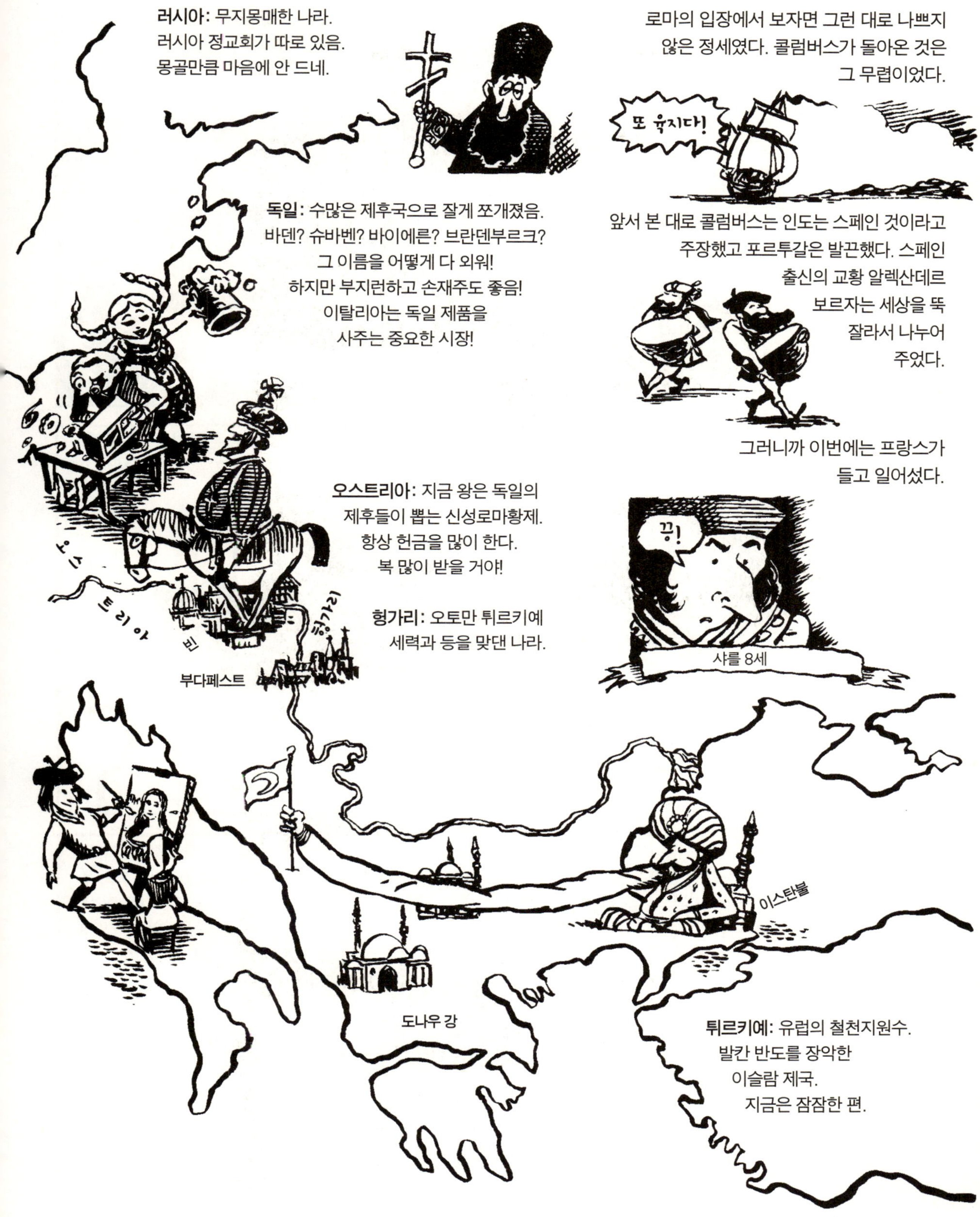

러시아: 무지몽매한 나라.
러시아 정교회가 따로 있음.
몽골만큼 마음에 안 드네.
로마의 입장에서 보자면 그런 대로 나쁘지 않은 정세였다. 콜럼버스가 돌아온 것은 그 무렵이었다.
또 육지다!
독일: 수많은 제후국으로 잘게 쪼개졌음.
바덴? 슈바벤? 바이에른? 브란덴부르크?
그 이름을 어떻게 다 외워!
하지만 부지런하고 손재주도 좋음!
이탈리아는 독일 제품을
사주는 중요한 시장!
앞서 본 대로 콜럼버스는 인도는 스페인 것이라고 주장했고 포르투갈은 발끈했다. 스페인 출신의 교황 알렉산데르 보르자는 세상을 뚝 잘라서 나누어 주었다.
그러니까 이번에는 프랑스가 들고 일어섰다.
오스트리아: 지금 왕은 독일의
제후들이 뽑는 신성로마황제.
항상 헌금을 많이 한다.
복 많이 받을 거야!
끙!
헝가리: 오토만 튀르키예
세력과 등을 맞댄 나라.
오스트리아
빈
헝가리
부다페스트
샤를 8세
이스탄불
도나우 강
튀르키예: 유럽의 철천지원수.
발칸 반도를 장악한
이슬람 제국.
지금은 잠잠한 편.

**쟁점:** 나폴리와 이탈리아 서남부는 스페인이 차지하고 있었다. 전임 교황은 개인적 이유로 프랑스에게 나폴리를 치라고 부추겼다. 그것을 구실로 1494년 프랑스 군대는 이탈리아의 북쪽으로 몰려갔다.

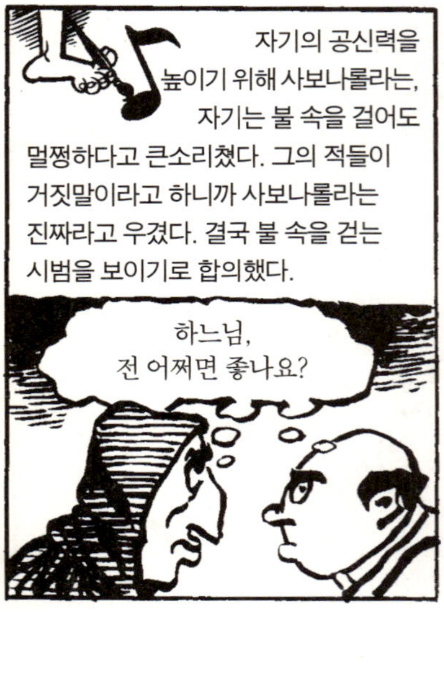

프랑스군은 나폴리까지 밀고 갔다. 나폴리는 맥없이 무너졌다.
나중에 우리를 본떠서 미군이 '충격과 공포'라는 작전으로 이라크를 침공한다네.
그렇지만 스페인을 등에 업고 사람들이 들고 일어나는 바람에 프랑스군은 쫓겨났다.
우리가 쫓겨났다는 걸 미군도 알까 모르겠네.
이렇게 해서 유럽의 열강들은 20년 동안 전쟁을 벌였다. 모두 이탈리아 땅에서만 싸웠다.
남의 땅 두고 왜 우리 땅에서 싸우겠냐구요!
프랑스는 스페인과 1503년까지 싸웠다.
예수 탄생 1500주년을 기념하여 중간에 잠시 쉬었지만.
그리고 알렉산데르 6세가 죽었다. 새 교황은 프랑스 편이라서 프랑스한테 베네치아를 공격하라고 부추겼다(1509년).
2년 뒤에는 마음이 달라져서 이번에는 스위스, 밀라노, 오스트리아더러 프랑스를 치라고 등을 떠밀었다.
프랑스는 1513년과 1515년에 두 번 더 이탈리아로 쳐들어갔다.
결국 1515년 또 다른 교황이 프랑스와 화해를 해서 프랑스군은 떠났고 이탈리아는 한숨 돌릴 수 있었다.
휴!
그렇지만 이탈리아는 이미 공기가 달라져 있었다. 예를 들어 피렌체에서는 1512년 귀족들이 쿠데타를 일으켜 공화정을 무너뜨렸고 많은 사람이 망명을 떠났다.
망명객의 한 사람인 니콜로 마키아벨리는 정치에 관한 얇은 책을 한 권 썼다.

20년 동안 침략과 동맹과 배신과 혁명과 득실 관계를 현장에서 지켜보았던 마키아벨리는 근대인으로서는 처음으로 권력론을 펼쳤는데 그게 바로 『군주론』입니다.
저도 아직 다는 못 읽었어요!
근대의 정치 사상과 정치 현실에서 일어난 굵직굵직한 변화는 나중에 다룰 생각이니까 여기서는 이 피렌체 출신의 정치인이 무슨 말을 했는지만 알아봅니다!
마키아벨리는 권력은 결국 국민한테서 나오는 것이라고 믿었지만(그런 주제로 책도 썼지요) 『군주론』은 어디까지나 절대군주를 위한 지침서입니다.
먼저 군주는 인간의 본성을 이해하고 거기에 맞추어
행동해야 한다고 마키아벨리는 말한다!
"인간은 배은망덕하고 수다스럽고 부정직하고 위험 앞에서는 몸을 사리고 탐욕스럽다."
"인간은 물려받은 재산을 날린 것은 못 잊어도 아버지의 죽음은 쉽게 잊는다."
"사람은 못됐다."
"신중한 통치자라면 손해 볼 것 같은 약속은 지키지 말아야 한다."
"국가를 접수할 때 군주는 모든 잔인한 짓을 한 번에 몰아서 저질러야 한다."
"어르지 않을 인간은 없애버려야 한다."
이 양반은 원칙이나 도덕, 종교에 대해서는 별로 할 말이 없었다.
"자비롭고 성실하고 인간적이고 진지하고 종교적인 사람으로 보이는 것, 또 실제로 그런 것은 좋은 일이지만, 필요하다면 정반대로 돌아설 줄도 알아야 한다는 것을 잊어서는 안 된다."
그러니 후세 사람들이 마키아벨리한테서 조금 충격을 받았을 수밖에.
그래도 전 선생님을 이해합니다. 너무 많이 당하셨잖아요.
내 말이 틀립니까?

마키아벨리가 한 말 중에서 가장 유명한 것은 군주는 사랑을 받기보다는 두려움을 불러일으키는 것이 더 중요하다는 발언이 아닐까 싶다.

종교적인 척 허풍을 떨면서 두려움과 욕심을 이용해먹는 부정직한 정부? 마키아벨리를 제대로 읽어본 사람이 과연 몇이나 될까? 마키아벨리는 이런 말도 한 사람이라는 사실을 잊지 말자.

혹시 한눈팔고 있었는지 모르지만…
아니라구? 고마워요!
이 모든 일이 벌어지는 동안
스페인은 카리브 해를 차지하고
포르투갈은 인도양으로 쳐들어간
사실 다 알고 있겠지요?
그렇게 먼 나라에서 벌어진 사건,
특히 아시아에서 일어난 일은
이탈리아, 교회, 유럽 전체에
영향을 미쳤어요.
암!
1505년이 되면 앞에서 본 대로
포르투갈은 이미 이집트의
향신료 무역을 박살냈지요.
이집트가 무너지니까
이탈리아도 타격을 받았어요.
이탈리아는 이집트하고 몇백 년
동안 장사를 했거든.
그러니까 이탈리아는 이중으로
고통을 겪었지요. 포르투갈한테는
사업을 빼앗겼지, 프랑스한테는
국토를 유린당했지.
난 망했다!
내 십일조!
1509년 포르투갈은 인도 해역에서
이집트 해군을 쳐부수었어요.
튀르키예도 이집트가 무너졌다는 걸 알아차렸다. 1515년 새로 술탄 자리에
오른 냉혹한 셀림 1세는 재빨리 시리아, 팔레스타인, 이집트를 차지했다.
오토만 제국은 이제 동부 지중해를 몽땅 장악했다.
20년 동안 세상이 너무
바뀌었어요. 이건 시작에
불과했습니다!
내 십일조…

1516년 스페인의 페르디난도 왕이 죽었다. 그런데 후계자는 엉뚱하게도 네덜란드에서 나왔다.
오잉??
페르디난도는 정확하게는 스페인의 절반인 아라곤 왕국의 왕이었다. 죽은 이사벨라 여왕은 스페인의 나머지 절반인 카스티야 왕국의 여왕이었다. 이사벨라는 정신이 오락가락하던 딸 후아나에게 카스티야를 물려주었다.
왜 나한테 넘기지 않았소? 섭섭했소.
후아나 좀 띄워주려구요.
오스트리아의 왕족과 결혼을 한 후아나는 네덜란드에서 살았다. 1507년 이후 그녀는 자기 방에만 틀어박혀 있었다.
엄마! 엄마!
하지만 후아나의 아이들은 멀쩡했다. 그리고 스페인의 두 왕위는 열일곱의 아들 카를에게 돌아갔다.
엄마, 나 킹 먹었어요!
1517년 스페인은 페르디난도와 이사벨라의 네덜란드 말을 하는 손자를 아라곤과 카스티야의 왕 카를로스 5세로 맞아들였다.
2년 뒤에는 무슨 운명의 장난인지 신성로마황제(로마하고는 전혀 상관이 없는 오스트리아 왕이었는데 형식적으로는 고만고만한 작은 독일 제후국들 위에 군림했다)까지 죽는 바람에 아버지가 오스트리아인이었던 카를로스도 후보에 올랐다.
고맙습니다, 삼촌!
투표권을 가진 것은 8인의 '선제후'였다. 1519년 그들은 스페인의 카를로스와 프랑스의 '주먹코' 프랑수아 국왕을 후보자로 뽑았다.
카를로스는 네덜란드 쪽 연줄을 이용하여 푸거라는 독일 은행가한테 거액을 빌려 뇌물로 썼다.
그래서 1519년 이 십대 소년은 독일, 오스트리아, 보헤미아, 플랑드르, 네덜란드, 스페인, 그리고 스페인령 아메리카를 다스리게 되었다!
이제 더 이상 돈 꾸러 다니지 않아도 되겠네요!

교황의 걱정거리는 또 있었을 것이다.

2006년 필자가 묵은 코르도바의 '병아리' 호텔.

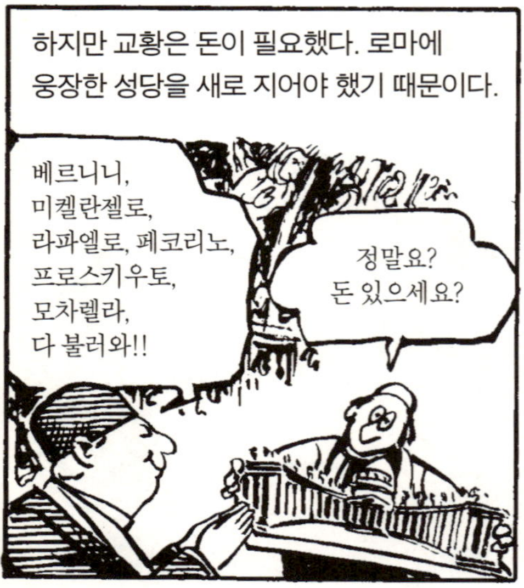

면죄부 사려!
이 특이한 자금조달법을 이해하려면 먼저 연옥이라는 걸 알아야 한다.
연옥은 쉽게 말해서 천당으로 올라가는 대기실인데 천당으로 갈 만큼 착하지도 않고 지옥으로 떨어져서 끔찍한 불구덩이에서 영원토록 고통을 겪어야 할 만큼 못되지도 않은 영혼들이 머무는 중간역 같은 곳이었다.
집어가지 말 것!
정말 너무하네!
죽으면 영혼들은 천당 문이 열릴 때까지 연옥에 앉아서 기다려야 했다.
다음!
하느님이 좀 보자시네요!
그런데 이 연옥을 이용해서 돈을 모으는 획기적 방법을 개발한 것이다!
아주 간단하거든요!
사랑하는 사람이 죽어서 연옥으로 갔다고 (짐작된다고) 하자.
내가 교회에 돈을 바치면 하느님이 어여삐 여겨서 내가 사랑하는 사람을 바로 천당으로 데려가신다는 것이었다.
거기! 맨 앞으로 가세요!
그런 천국 입장권을 크게 용서해준다고 해서 대사라고 했고, 그걸 손에 넣으려면 이승에서 돈을 내야 했다!
한 번만 사면 영원한 축복을 누립니다!

# 마르틴 루터

1517년 텟첼이라는 신부가 면죄부를 팔기 시작했을 때 독일은 변화의 소용돌이를 겪고 있었다. 은행가, 상인, 선주 같은 사업가는 점점 부자가 되었다. 나도는 돈이 늘어나니까 덩달아 물가도 올라갔다.

제후, 귀족, 기사처럼 돈 나오는 데가 토지밖에 없었던 봉건 계급은 뒤처졌다. 이 '가난한' 영혼들은 현상 유지를 하기 위해서 '만만한' 농민을 더욱 쥐어짜는 수밖에 없었다.

한편 독일 농민들은 분트슈[농부가 신는 가죽신]라는 비밀 결사를 유지하면서 농민의 자유와 적의 타도를 위해 노력하고 있었다. 성직자도 농민에게는 적이었다. 1517년도 농민이 들고 일어난 해였다.

다른 세력들도 교회에 호의적이지 않았다. 한 군주는 가지도 않은 십자군 원정을 간다면서 걷어간 돈을 돌려받기 전까지는 동전 한 푼도 못 내놓는다고 호통을 쳤다.

그때 수도사였다가 비텐베르크 대학 교수가 된
마르틴 루터가 포문을 열었다.
면죄부는 개똥이다!
면죄부는 사기다.
연옥은 성서에도 없다.
어떻게 돈을 냈다고 죽은 영혼이
천당으로 빨리 간단 말인가?
루터는 힘찬 독일어로 외쳤다.
교황은 돼지다! 교회는 창녀다! 텟첼은 흡혈귀다!
루터는 조목조목 반박하는
긴 글을 라틴어로 써서
교회 문에다 붙이고 논쟁을
시작했다.
그런데 색다른 일이 벌어졌다.
보통 사람도 읽을 수 있게 루터가
독일어로도 글을 써붙인 것이다.
텟첼은 루터의 질문에
답하느라 진땀을 뺐다.
교황은 돼지가 아니다.
왜냐하면…
그렇지만 사람들은 루터의 말에 더 솔깃했다!
비텐베르크 사람들은 텟첼이 써서 돌린 글을 불태웠다.
이게 무슨 냄새야?
비텐버거 굽는 냄새.

로마에서 교황 레오 10세는 텟첼의 수금액이 기대에 훨씬 못 미친다는 소식을 듣는다.
허걱, 이를 어쩐다?
그래서 다른 수단을 떠올린다. 튀르키예를 상대로 다시 십자군 전쟁을 벌이기 위한 특별 세금을 독일에 물리는 것이다.
누가 반대하겠어요?
하지만 마르틴 루터는 기세등등했고 독일인은 못 낸다고 버텼다.
흡혈귀!
교황은 루터를 로마로 부르지만 신학 교수는 아프다는 핑계로 독일에 남아서 더 거칠고 험한 말로 교회를 공격했다. 독일의 절반은 좋아서 어쩔 줄을 몰랐다!
내가 비텐베르크에서 방귀를 뀌면 로마까지 냄새가 가는 모양입니다!
실제로 한 말!
이렇게 줄다리기가 이어지던 1519년 중반 카를로스 5세가 한창 나이로 신성로마황제에 올랐다. 그는 먼저 종교 분쟁부터 짚고 넘어가기로 했다.
뿌웅!
그리고 제국회의를 열었다. 그저 먹고 노는 것이 아니라 독일의 내로라하는 제후와 사제가 만나서 담판을 짓는 회의가 1521년 4월 보름스에서 열렸다.
냄새 한번 지독하네!
카를로스 5세는 무사히 왔다 갈 수 있도록 신변 안전을 책임지겠다면서 루터도 불렀다.

1521년 4월 수도사는 번쩍거리는 비단옷을 휘감은 독일과 오스트리아의 난다 긴다 하는 사람들 앞에 혼자 선다. 그리고 그동안 자기가 주장한 것을 하나하나 옹호했다.
예. 제가 한 말입니다!
젊은 카를로스 5세는 "이단"이라고 혼자서 뇌까렸다고 한다. 이단으로 판정되면 끔찍한 처벌을 받았다.
성찬식에서는 빵 한 조각과 포도주 한 잔이 신비스럽게 문자 그대로 예수의 살과 피로 된다는 것이 가톨릭의 정설이었다.
그래서 중세 교회는 신도들이 포도주에 손을 못 대게 했다. 성찬식을 하다가 주님의 피를 쏟는 사람이 나올까봐서였다.
루터가 저지른 이단 가운데 하나는 포도주를 다시 써야 한다고 주장한 것이었다. 이 두 가지 방식의 성찬식을 놓고 격론이 벌어졌다.
저기를 똑똑히 보라구요. "내 몸을 먹고 내 피를 마셔라!" 성서까지 부정할 셈인가?
별별 어중이 떠중이까지 성서를 제멋대로 해석하게 놔두면 우린 뭘 마시고 살아?

하지만 황제는 루터를 얌전히 보내주었다. 루터는 귀로에 올랐다.
투덜투덜

그런데 도중에 친구들이 납치하는 척하면서 루터를 비밀 은신처로 데리고 갔다.

거기서 열 달을 지내면서 루터는 교황과 교회를 공격하는 글을 실컷 썼다.
신을 모독하는 개똥들은 천벌을 받아라!

카를로스 5세는 독일에 남아서 루터를 붙잡을 수도 있었겠지만 스페인에서 반란이 일어나는 바람에 허겁지겁 독일을 떠나야 했다.
아무래도 감투를 너무 많이 쓴 거 같아.

출판업이 첫발을 내딛은 것은 바로 이런 일이 벌어질 때였다. 대부분은 교회를 공격하고 루터를 옹호하는 인쇄물이 역사상 처음으로 유럽을 뒤덮었다.
교황은 사탄이다
우리의 영웅 교황님
사기꾼 루터!

카를로스가 스페인 반란을 열심히 진압하는 동안 프랑스의 주먹코 프랑수아 왕은 스페인과의 국경 지대에 있던 나바라로 쳐들어갔다.
메롱!
카를로스는 보복으로 밀라노를 덥석 삼켰다.
메롱!
그때 독일에서 루터를 따르던 가난한 기사들이 들고 일어나 교회 재산을 몰수했다.
메롱!
프랑수아는 카를로스가 기사들을 처단할 때까지 얌전히 기다렸다.
통촉하소서! 전하.
그러고는 신성로마제국으로 쳐들어갔다. 물론 싸움은 이탈리아에서 벌였다.
잘은 모르지만 아무래도 주먹코 같은데.
1525년 봄 주먹코 왕은 파비아 전투에서 카를로스에게 무릎을 꿇었다.

# 농민 반란

그동안 독일은 난리였다. 루터의 설교는 루터보다 더 과격한 사람들을 흔들어놓은 듯했다.

사람들이 그런 말을 그대로 받아들이면서 상황은 심각해졌다.

결국 1524년 남부 독일의 농민들은 무기를 들고 일어나 주인들의 땅을 차지해서 모든 사람을 깜짝 놀라게 했다.

독일 방방곡곡에서 사람들은 회의를 하고 불만을 늘어놓고 요구사항을 나열하고 원칙을 밝혔다.

하나같이 일리가 있는 요구라서 루터는 제후들에게 이 문제를 진지하게 받아들이라고 압박했다.

반란은 수그러질 줄 몰랐다. 농민들은 땅을 내놓으려고 하지 않았다. 초기 기독교도를 본떠서 땅을 공유하면서 공동체로 살아가는 곳도 나타났다.

몇 달도 안 가서 루터는 마음이 달라졌다.

프랑수아 국왕을 생포하여 한숨 돌린 카를로스는 농민 반란을 진압하러 군대를 보냈다.

학살에 가까운 '전투'에서 수많은 농민이 황제 군대에게 떼죽음을 당했다.

붙들린 농민군 지도자는 유럽 귀족이 머리를 짜내서 만든 기상천외한 도구로 온갖 고문을 받았다.

한편 프랑스 왕은 감옥에 갇혀 있었지만 면회는 할 수 있었다. 시인이며 인문학자이며 한 나라를 다스렸던 누이 마르그리트도 여러 번 면회를 왔다.
어서 옵쇼!
오누이는 무모한 계획을 짰다. 오토만 술탄을 부추겨 튀르키예가 동쪽에서 카를로스를 치게 한다는 작전이었다.
그, 그렇지만 이교도하고 손을 잡아도 되는 건가?
얼마 전에 나온 마키아벨리 책도 안 읽어봤어?
프랑스 대사가 이스탄불로 급파되었다.
대사의 미묘한 발언에 술탄은 흡족해했다.
헝가리로 밀고 오셔도 프랑스는 아주 기분 나쁘지 않을 것입니다!
천부당만부당한 일은 아닐 것이옵니다.
1526년 튀르키예군은 헝가리로 쳐들어가 모하치 전투에서 이겼다. 다음 표적은 당연히 오스트리아였다!
전쟁을 하려면 늘 돈이 필요했다. 프랑수아는 돈이 아쉬운 카를로스에게 몸값을 낼 테니 풀어달라고 제안했다.
내 명예를 걸고 약속하리다. 나만 믿으소! 억만금을 갖다 바칠 터이니.
카를로스는 고개를 끄덕였다. 프랑수아는 선금만 조금 내고 좋아라 내뺐다.

감옥에서는 평화를 다짐했지만 밖으로 나오기 무섭게 프랑수아는 교황한테 달려가서 너무 힘이 커진 카를로스를 공격하자고 부추겼다.
임자, 기다리구려. 나도 이 코만큼 큰 권력을 누릴 날이 올 테니까.
메디치 집안사람으로 지극히 타산적이었던 교황 클레멘스 7세는 프랑스, 베네치아, 밀라노와 반카를로스 동맹을 흔쾌히 맺었다.
가서 주먹코 대왕께 전하게나. 육군 병력과 베네치아 해군력으로 그 광녀의 아들한테 본때를 보여주겠다고.
클레멘스의 아버지는 1478년 부활절 일요일에 살해당한 줄리아노 데 메디치였다(3권 참조).
결국 1527년 카를로스의 군대가 이탈리아로 쳐들어왔다.
싸울 데가 여기밖에 더 있겠습니까?

루터의 구호를 외치면서 카를로스의 군대는 로마까지 밀고 가서 교황을 옥에 가두고 늘 해오던 대로 빼앗고 겁탈하고 약탈했다.
사탄의 왕!
음탕한 포주!
그들은 시스티나 성당을 보고 무슨 생각을 했을까!
교황은 이탈리아의 포르노 화가와 다를 바 없다고 생각했다!

신성로마제국 군대가 이탈리아에서 시범을 보인 대로
루터 편의 독일 제후들은 주변에 있던 교회 재산을
너도나도 '사유화'했다.

교회에서 빼앗은 재산으로 루터파 제후들은 이제 스스로 군사력을 키워서 필요하다면 가톨릭 세력과 붙을 기세였다.
겁 안 난다구!
그런데 바로 그때 튀르키예가 다시 공세로 나왔다. 헝가리에서 도나우 강을 따라 오스트리아로 쳐들어온 것이다.
빈
이스탄불
1529년 술레이만의 군대는 처음으로 빈을 포위했다.
루터파는 고민에 빠졌다. 독일에서 교황과 제후들은 가톨릭과 루터파가 서로를 건드리지 않기로 합의하고 서명을 했다.
이제 좀 도와주구랴!
딱 한 번이오!
루터파 군대는 빈으로 진격해서 신성로마제국 군대를 도왔고 튀르키예는 헝가리로 다시 쫓겨갔다.
누가 적군이고 누가 아군인지 헷갈려서 못 싸우겠네!

루터가 도대체 무슨 생각을 했는지 궁금하지 않나요? 루터는 정말로 이단설을 퍼뜨렸을까요? 루터와 가톨릭교회는 얼마나 달랐을까요?
먼저, 루터는 성서 연구를 장려했지만 로마 교황청은 (혼란을 낳는다면서) 눈살을 찌푸렸지요. 루터는 성서를 독일어로 번역했습니다. 그리고 독자들도 모두 똑같이 성서를 해석할 거라고 믿었습니다.
너무 순진하죠?
하지만 그건 사소한 차이죠! (연옥을 인정하지 않은 것 말고) 정말로 큰 차이는 루터가 "신앙만 있으면 괜찮다"고 굳게 믿었다는 것이었습니다.
쿵
가톨릭교회는 성서와 상식을 바탕으로 구원은 신앙과 선행이 합쳐졌을 때 온다고 가르쳤거든요.
옛소.
복 받을 거야!
루터는 선행은 불필요하다고 말했다! 하늘은 신앙만 가진 사람을 기다린다!
머쓱!
선행이 불필요하다니, 이상하죠? 그런데 가톨릭교회에서 말하던 선행은 교회에다 재물을 바치는 것이었거든!
돈 좀 돌려주실까?
1500년경 폴란드의 천문학자 니콜라우스 코페르니쿠스가 지구를 비롯한 여러 행성이 태양 주위를 돈다는 이론을 만들었다.
이제야 설명이 다 되네! 빨리 알려야지!
누구한테?
엄니한테!
교회는 태양, 달, 행성들이 지구 둘레를 돈다고 믿었으므로 코페르니쿠스는 곤욕을 치르지 않기 위해 자기 생각을 흐지부지 뭉갰다.
아빠한테! 누나한테! 동창생들한테!
동창생?
아, 알았어요. 입 꽉 다물고 있을게요.
그런데 일부 내용이 새어나갔다. 1529년 마르틴 루터는 분통을 터뜨렸다.
성서를 보라니까 그러네! 여호와께서 해야 멈추라 하셨지 어디 지구야 멈추라 하셨냐구요!

# 츠빙글리

로마 교황의 사치와 부패와 끝없는 징세에 지친 것은 독일만이 아니었다.
휴…
루터가 교회 문에다 항의문을 못으로 탕탕 박아 거는 동안 울리히 츠빙글리라는 스위스 신부도 취리히에서 비슷한 목소리를 냈다.
연옥이라구요? 다 돈 뜯어먹으려는 수작이죠!
이 황금 장식을 보세요! 교회가 우리의 고혈을 빨아먹는 겁니다!
깨끗하고 쉽고 부담스럽지 않은 종교를 바라는 사람들이 츠빙글리 곁으로 모여들었다.
교회에 돈을 덜 뜯기면 그만큼 우리 회사에 더 투자할 수 있겠다, 그치?
맞아, 우린 돈밖에 모르거든!
루터는 남쪽에서 같은 종교개혁파가 나타났다는 소리를 듣고 교리를 비교하러 부리나케 달려갔다. 츠빙글리는 반색을 했다.
루터 박사님, 영광입니다! 기쁘기 한량없습니다! 제가 먼저 찾아뵈었어야 하는 건데.
물러서시오! 이거 당신이 쓴 거 맞소?
마음에 안 드는 구절이 있었다. 루터는 성찬식에 쓰는 포도주와 빵이 정말로 예수의 피와 살이라고 믿었는데 츠빙글리는 그냥 상징일 뿐이라고 말했다. 루터는 악수도 하지 않고 가버렸다.
허, 성질 한번 고약하네.
벌로 방구나 한 대 먹어라, 뿡!
루터는 츠빙글리를 이단으로 몰았다. 그리고 가톨릭 군대와 싸우다가 츠빙글리가 죽었을 때 "속이 후련하다"고 말했다.

# 잉글랜드식 이혼

독일과 스위스에서도 교황에 반대하는 사람들이 점점 늘어났지만 교황과 처음으로 완전히 갈라선 나라는 잉글랜드였다. 이유는 순전히 정치적인 데 있었다.
우린 언제나 좀 삐딱했어요.
1400년대 후반 잉글랜드의 귀족들은 왕위를 놓고 30년 동안 '장미 전쟁'을 벌였다. 양쪽 군대의 깃발에 장미가 그려졌다고 해서 붙인 이름이었다.
싸우는 거 처음 봐?
1485년 별 볼일 없는 대위였던 헨리 튜더가 헨리 7세로 왕위에 올랐다. 그는 왕권을 다지기 위해 발 빠르게 움직였다.
잘 지내자구요!
헨리의 장남이며 후계자인 아서는 스페인 공주였던 아라곤의 캐서린과 결혼했다. 캐서린은 페르디난도와 이사벨라의 딸이었다.
프랑스보다는 스페인이 왠지 좋더라!
그렇게 잉글랜드는 스페인과 잘 지내고 싶어했다.
아버지다운 발상이네요!
그래야 그 많은 적을 쓰러뜨릴 때 도움을 얻을 수 있거든! 어흠, 알겠느냐, 아들아?

결혼하고 얼마 안 지나서 1502년 아서 왕자가 죽자 왕위 계승권은 동생 헨리에게 돌아갔다.
그 무렵 스페인과는 사이가 안 좋아졌지만 왕은 캐서린을 볼모로 잡아두었다.
1509년 헨리 7세가 죽자 헨리 왕자는 국왕 헨리 8세가 되었고 형수 캐서린과 결혼했다.
그동안 많이 컸네!
캐서린은 아이를 쑥쑥 낳았지만 다 죽고 딸 하나만 살아남았다. 헨리는 아들을 원했다.
장미 전쟁도 따지고 보면 아들이 없어서 터졌거든. 지금도 생생히 기억나. 음… 사실 나는 기억 못 하지. 그렇지만 그걸 똑똑히 기억하는 사람들이 많거든. 아들이 없는 왕의 말로를…
여러 해가 지나도 아들은 안 태어났다. 헨리는 여자들과 놀아나면서 마음을 달랬다.
그러다가 앤 볼린이라는 여자한테 푹 빠졌다. 헨리는 새 장가를 들고 싶어서 환장했다!
너무 심했나?
아이, 몰라 몰라…
딱 하나 걸림돌이 있었다. 재혼을 하려면 헨리의 첫번째 결혼을 교황이 무효로 만들어주어야 했다.
걱정하지 마, 자기야. 그 양반하고 나는, 나는, 나는…
똑같이 뚱보에 배불뚝이에 뒤룩뒤룩 살만 쪘다구요?

그런데 이런! 때는 1527년, 신성로마제국 군대는 로마를 약탈하고 교황은 포로 신세였다. 그리고 신성로마황제 카를로스 5세는 아라곤 캐서린의 조카였다!
이혼을 허락했다간 알쥐?
아, 알았다니까…
그래서 교황은 헨리 8세의 청을 들어줄 수가 없는 형편이었다.
음, "노"도 아니고 그렇다고 해서 "예스"도 아니라고.
적당히 얼버무려.
그러자 헨리는 잉글랜드 몫의 십일조를 내지 않았고 로마에는 단 한 푼도 안 보냈고 말을 안 듣는 사제는 으르고 쫓아내고 감옥에 집어넣었다. 한마디로 로마 가톨릭교회와 완전히 갈라섰다!
사내대장부가 아들을 갖고 싶은데 무슨 짓인들 못 하겠소이까!
왕한테 설설 기는 잉글랜드 법원은 캐서린과의 결혼은 무효라고 통보했다.
실례! 지금은 나라일을 보느라 바빠서…
헨리는 바로 앤 볼린과 결혼했다. 그리고 6개월 뒤에 딸이 태어났다. 엘리자베스였다.
교황은 그 아이는 서자라고 재빨리 선언했다.

파문이다!
이단이다!
복수다!
언어도단이다!
로마와 갈라선 다음 헨리는 교회에서 돈을 짜내는 방법을 궁리했다. 1538년 헨리는 잉글랜드의 모든 수도원을 닫고 수도사들을 압박하기 위해 처음으로 남색법을 통과시켰다.
솔직히 언제까지 이러고 살 수는 없잖은가.
헨리는 아들 욕심을 버리지 않았다. 엘리자베스의 생모 앤도 바람난 여자라며 걷어차고 단두대로 보냈다.
다음은 어느 아가씨한테 장가들까?
이렇게 마구잡이로 휘두르는 도끼에 대드는 사람은 몸이 성치 못했다. 대표적인 예가 캔터베리 대주교였던 토머스 모어♪였다.
왕은 네 아내를 더 얻었다. 아들도 하나 생겼지만 헨리 8세는 1547년에 죽었고 아들도 곧 죽었다. 이때부터 여러 해 동안 왕위 계승을 둘러싸고 유럽 정계는 소용돌이에 휘말렸다.
토머스 모어는 『유토피아』라는 책의 저자로 기억된다. 『유토피아』는 상상의 낙원을 그려서 사회 현실을 비꼰 책이었다.
음, 도대체 이놈의 세상은 왜 요 모양 요 꼴이란 말인가.
모어의 『유토피아』에서는 재산은 모두 공동으로 소유하고 지도자는 투표로 뽑고 돈은 안 쓰이고 교육은 무료고 실용적이며 신앙의 자유가 있고 신랑 신부는 결혼하기 전에 벌거벗고 서로를 관찰한다.
그게 과연 잘될까?
현대판 유토피아가 있다면 혹시 이런 것은 아닐까.
"아이부터 노인까지 누구나 명품족이고 수도를 틀면 시원한 생수가 나오고 기름 값은 무료에 카드 청구서는 읽지 않고 쓰레기통에 처넣어도 되고!!!"
그게 과연 잘될까?

# 다시 빈으로

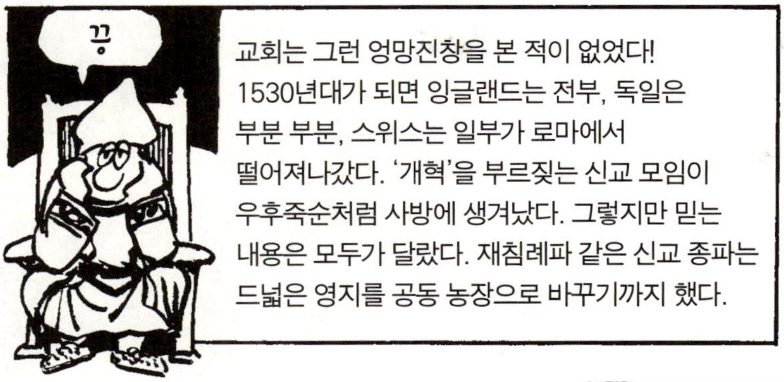
끙
교회는 그런 엉망진창을 본 적이 없었다! 1530년대가 되면 잉글랜드는 전부, 독일은 부분 부분, 스위스는 일부가 로마에서 떨어져나갔다. '개혁'을 부르짖는 신교 모임이 우후죽순처럼 사방에 생겨났다. 그렇지만 믿는 내용은 모두가 달랐다. 재침례파 같은 신교 종파는 드넓은 영지를 공동 농장으로 바꾸기까지 했다.

하느님 은혜로 가득한 하루가 되시와요, 형제님!
자매님도 하느님 은혜 듬뿍 받으시구려!
고맙사와요.
저것들이, 보자보자 하니까!

전부터 교회는 비뚤어진 생각을 깔아뭉갰다. 전에도 그랬는데 지금은 왜 그게 안 될까? 무엇이 문제일까? 교회는 심각한 고민에 빠졌다.
루터파가 맞아. 우린 돼지라구.
연옥이란 게 있긴 있나요?
아예 이참에 인력을 팍 줄여서 들어가는 돈을 줄이는 건 어떨까요?
똑똑한 사람은 전부 신교 쪽으로 가네.
우린 게으르고 못돼 먹었어. 곧 죽어도 우리만 옳다고 박박 우기는 사람들이야 우리는.
너무 자학하지 맙시다. 우리도 좋은 일 안 한 건 아니라구요!

교회의 내분을 잠시 가라앉혀준 것은 튀르키예였다.
저벅
저벅
저벅

1533년 (엘리자베스가 태어난 해) 튀르키예의 술탄 술레이만은 다시 빈으로 쳐들어왔다.
덕분에 신교도는 다시 죽다 살아났다. 오스트리아 왕이기도 했던 카를로스 5세는 빈을 지키기 위해서 이번에도 신교도의 도움이 필요했던 것이다.
우라질!
오토만 제국이 유럽으로 가장 깊숙이 밀고 들어온 것은 그때였다. 전의 비잔틴 제국처럼 튀르키예도 이스탄불에서 통치할 수 있는 영토의 넓이에는 '자연히' 한계가 있다는 사실을 깨달았다.
강대국도 안 되는 게 있구나…
짜증 나.
150년이 지난 1683년 튀르키예는 다시 빈으로 쳐들어왔지만 역시 뜻을 이루지 못했다.
빈의 짓궂은 빵집 주인이 하늘거리는 얇은 빵을 튀르키예 군대의 깃발에 그려진 초승달 모양으로 구운 것도 그때였다. 바로 이것이 크루아상이었다.
그렇게 씹어 먹어야만 직성이 풀리는가!
그럼 따끈따끈한 십자가 빵으로 드릴까?

루터파와 가톨릭 진영은 다시 손을 잡고 (전염병과 굶주림으로 전의를 상실한) 튀르키예 군대를 오스트리아 밖으로 몰아냈다.

# 팔자는 타고나는 것!

1530년의 파리는 유럽 학문의 중심지였다.
학생과 지식인은 종교개혁을 놓고 논쟁을 벌였고
성직자를 바라보는 시선은 맹목적 존경에서
노골적 경멸에 이르기까지 천태만상이었다.♪

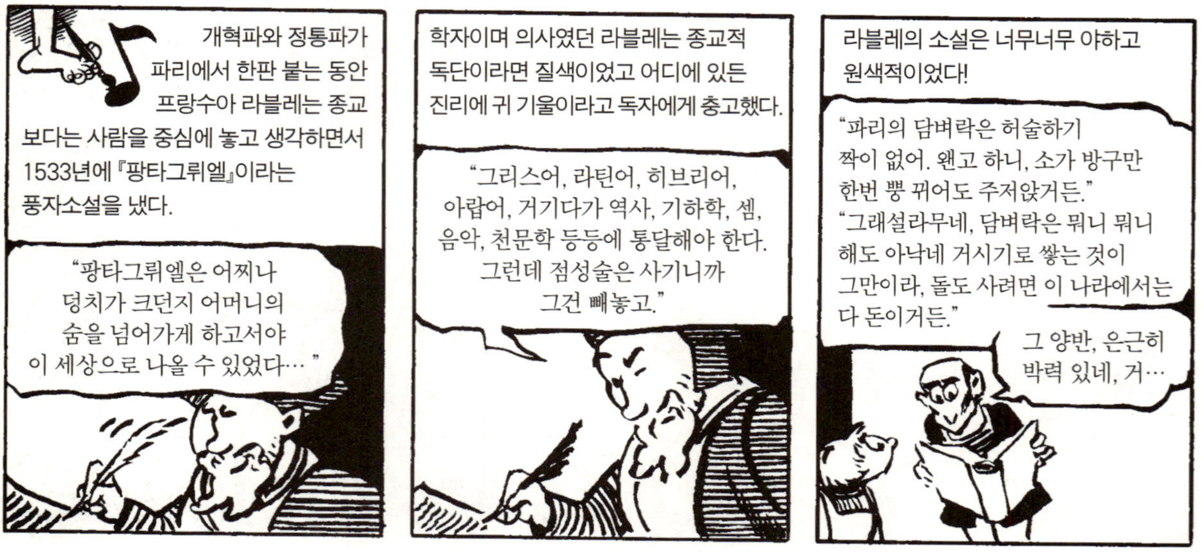

칼뱅이 쓴 『그리스도교 강요』는 1536년에 나오자마자 날개 돋친 듯이 팔려나갔다.
이 책은 한참 동안 베스트셀러 목록에 올랐다.

칼뱅은 성찬식의 빵과 포도주, 연옥, 성자숭배, 허울 좋은 자유 같은 문제에서 대체로 개혁파와 같은 입장이었지만, 예정설이라는 좀 무섭지만 독창적인 학설도 내놓았다.

칼뱅만큼 머리가 논리적으로 안 돌아가는
사람은 뭐든지 멋대로 해도 좋다는
뜻으로 받아들일지 모른다.
힝, 그러니까 아주 못된 짓을 해도, 가령 도박을 한다든가 춤바람이 난다든가 해도 되는 거죠?
아가씨는 애당초 구제불능 이라오.
정말, 너무 억울해요!
그게 인생이라오.
칼뱅은 칼 같은 논리로
자기주장을 밀어붙였다.
신은 인간을 구원받을 사람과 저주받을 사람으로
나누었지만 구원받을 사람은 얼마 안 될 것이라고
칼뱅은 굳게 믿었다.
저 하는 짓들 좀 보세요!
그 몇 안 되는 축복받은 사람이 누구인지는
분별력과 검소함과 (당연히) 칼뱅의 교리에 대한
믿음으로 가려낼 수 있었다!
나머지 사람들은요?
글쎄, 연옥은 없다는 말씀만 드리지요.
나머지 사람은 지옥의 불길에서 영원히 못 벗어난다.
댁은 우리가 가엾지도 않은가요?
다 팔자라오.
단언할 수는 없었지만 칼뱅은 자기는 천당으로
갈 거라고 굳게 믿었다.
지옥으로 떨어지는 죄인들을 보면서도 마음이 차분해지는 걸 보면 내가 지옥 체질이 아니란 걸 알 수 있지요.

그 무렵 칼뱅은 주네브라는 스위스의 그림 같은 도시에서 초청을 받았다.
주네브는 얼마 전에 미사를 금지하고 교회를 약탈한 도시였다.
딱 내 체질이야!
세상은 넓고 할 일은 많다더니, 정말이네!
칼뱅은 설교만 한 것이 아니라 행정도 맡았다.
당연하죠! 시민들을 바른 길로 이끌어야 하거든요.
칼뱅의 엄격한 통치에 주네브 시민은 숨 막혀 했다.
뭐요? 돌아다니는 것도 죄라구?
암.
대들면 혀를 자른다구?
암.
죽으란 소리네!
암.
반감을 품은 주네브 시민들은 이 프랑스 성직자를 내쫓았다.
게임도 하고, 춤도 출 거야! 좀 사라져다우!!
하지만 새로 만들어진 정부에는 도둑과 살인범도 들어갔다.
그래도 춤만 추면 되는 거 아니우?
그래서 1540년 주네브는 칼뱅더러 와서 질서를 잡아달라고 사정했고 칼뱅은 받아들였다.
맴매해주세요!
혼내주세요!
귀싸대기를 갈겨주세요!
한 방 먹여주세요!
주둥이 좀 꿰매주세요!
줄 서요, 줄!
칼뱅은 24년 동안 다스리면서 주네브를 도박도, 춤도, 장난도, 백수도, 사치도 없고 의무적으로 예배에 참석해서 찬송가만 열심히 부르는 청교도의 낙원으로 만들었다!
칼뱅 선생님 고마압스읍니이다아!

칼뱅의 예배에 모인 사람은 착실한 소매상, 경건한 전염병 박멸업자, 진지한 야채상, 뚱한 포목상, 감동에 목마른 투자은행가, 피 끓는 무기제조업자였다. 자기네 같은 선민은 구원을 받을 것이라고 그들은 믿어 의심치 않았다!
그들은 열심히 일했고 절약했다. 가난한 사람들에게는
영혼이 가엾어서 자주 기도를 하지요.
주네브 교회는 가톨릭교회만큼이나 이단자를 용납하지 않았다.
칼뱅은 골치 아픈 이단자는 저렇게 처리했지요.
저 사람 좀 수상한데…
겉을 꾸미는 데 돈을 쓰느니 칼뱅파는 칼뱅의 교리를 널리 알릴 목사를 양성할 목적으로 학교에 투자했다.
"덕을 미리 내다보아서 운명을 예정하는 것이 아니다. 예정하는 행위의 차원도 사실은 아니지만 우리 입장에서는 그렇게 받아들일 수도…"
아하!
아하!
칼뱅의 가르침은 지하 교회망을 통해 프랑스, 독일, 네덜란드, 잉글랜드, 스코틀랜드로 점점 퍼져 나갔다.
어디로 가나?
하느님이 아시겠지.

# 강훈련

한편 로마에서는 교황 파울루스 (바오로) 3세가 교회를 개혁하기 위해 회의를 소집했다. 푸념은 한이 없었다.
우린 참 못돼 먹었대요.
면죄부를 팔지, 감투도 팔지, 게을러터졌지, 돈만 밝히지, 흥청망청 쓰지.
곧 죽어도 우리만 옳다고 박박 우기지.
그만들 하시오!
파울루스 교황은 말보다 행동이 중요하다고 보았다.
교황님도 꽤 호화스럽…
그만하랬지!
자기 쇄신을 통해 교황은 신교도를 다시 끌어들일 작정이었다. 그래서 총회를 열어 화해를 하고 새 출발하자는 생각이었다.
선물은 꼭 안 가져와도 되니까 오랜만에 회포도 풀 겸 부담 갖지 말고 많이들 오라고 하시오!
1545년 마침내 독일 트렌트에서 공의회가 열렸다. 하지만 신교도는 나타나지 않았다. 회의는 이런 방향으로 가닥을 잡았다.
불완전하더라도 교회는 신의 유일한 대변자다. 우리의 법은 정당하며 우리의 교리문답은 건실하다. 연옥은 존재하며 사제는 금욕을 지켜야 한다. 무엇보다도 교황에게 순종해야 하며 복종하지 않는 사람은 아예 뿌리와 가지를 잘라내야 할 이단자요 범죄자로 여긴다! 질문 있습니까?
모두 박수를 보냈다. 누가 연설을 한 것일까?
이름은 잘 모르겠는데 예수회 소속이라지 아마…
무슨 회?

예수회를 세운 사람은 이그나티우스 데 로욜라라는 스페인 출신의 사제였다.
젊어서 전쟁에 군인으로 나갔다가 다리에 총상을 입었다.
꼼짝 못 하고 병상에 누워 있는 동안 그는 종교서를 탐독했고 필생의 사업을 발견했다.
성지가 이교도의 손에 넘어가 있거든. 그자들을 개종시켜야겠소!
아직 정신이 오락가락 하시는 모양이네요, 약 좀 드세요.
그 뒤 여러 해 동안 로욜라는 스페인에서 귀부인들한테 자선금을 걷으면서 살았다. (로욜라는 인기 만점이었다.)
훌쩍훌쩍… 기어이 성지로 떠나시는 건가요?
잘하면 갈 수도 있다는 뜻이지요.
로욜라는 칼뱅보다 2, 3년 먼저 파리로 와서 같은 방을 쓰던 스페인 친구 둘과 의기투합했다.
하숙집
로욜라가 밝힌 포부, 전도 계획, 원칙에 그들도 적극 동참하고 나섰다.
하나부터 열까지 복종, 복종, 복종, 복종! 알겠지?
죽으라면 죽겠네!
그들은 열심히 사람들을 끌어들였다.
누구 말을 들으라 그랬지?
교황님!
그분을 어떻게 받들라 그랬지?
무턱대고!!

1540년 무렵이면 예수회는 회원도 수백 명으로 늘었고 돈도 많이 걷었고 (로욜라는 여전히 매력 만점이었다.) 교황의 뒷받침도 얻었다. 포교 방침은 약간 바뀌었다. 먼저 유럽의 교회를 지키고 나서 해외 전도에 나선다는 것이었다.
사람이 너무 고집만 부려도 못 써요!
딴 사람 같네!
예수회는 무료 학교를 열어서 학생들에게 수학, 논리학, 논쟁술을 가르쳤다. 그 바탕에는 신앙과 복종이라는 가톨릭의 철칙이 깔려 있었다.
신부님, 주체적으로 생각하면 안 되나요?
주체적으로 생각한다는 말 자체가 모순이야. 또 그런 거 물어보면 엉덩이 다섯 대 맞고 열흘 정학이다.
예수회 학교는 처음부터 격렬한 운동을 강조했다.
이 공이 마르틴 루터다!
로욜라는 또 30일 동안 집중적으로 기도, 명상, 감각 차단 훈련을 통해 깨달음을 얻는 영성 훈련 방식을 고안했다.
짧은 기간 예수회는 교회의 '반종교개혁' 운동을 주도했다. 호전적이고 헌신적이고 주도면밀하고 비타협적인 예수회는 신교 세력을 거칠게 밀어붙였다.
"살인하지 말지어다"는 낡아빠진 발상입니다.
정의로운 전쟁
정의롭지 못한 전쟁
그런데 1545년 트렌트 회의를 준비하느라 여념이 없을 때 이 저돌적인 가톨릭 성직자들은 튀르키예의 오토만 제국 덕분에 잠시 숨을 돌릴 수 있었다.
희소식!

튀르키예의 침공 위협에서 벗어난 늙은 황제는 직접 군대를 거느리고 루터파의 아성인 독일로 갔다. 신교 국가가 하나둘 가톨릭 군대 앞에 무릎을 꿇었다.

아니었다. 교황과 프랑스는 카를로스의 힘을 여전히 걱정했다. 이제 교황은 황제의 원정을 도왔던 군대를 독일에서 빼냈다.
뭐야?
그러니까 교황은 신교도를 돕고 있었던 것이다.
뭐야?
군인들에게 줄 돈이 떨어진 카를로스는 독일 제후들에게 통사정했다.
제발… 응? 돈이 바닥났다니까 그러네.
그건 그쪽 사정이고!
황제는 엄포를 놓았지만 제후들은 오히려 죽는 소리를 했다.
내 땅에서 당신 군대나 빼 가시지!
이 세상에 공짜가 어디 있나?
루터파도 사람이외다!
협상을 질질 끌었다.
음… 군대를 10퍼센트만 빼 가면 되겠나?
90퍼센트
12퍼센트
88퍼센트
15퍼센트
82퍼센트
결국 제후들은 실속을 챙겼다. 20년 전에 교회한테서 빼앗은 재산을 가져도 좋다는 허락을 받아낸 것이다.
휴… 난 너무 인간적이야.
계약서
그 대신 카를로스가 받은 돈은 푼돈이어서 군대는 뿔뿔이 흩어졌다.
이제 이 짓도 못 해 먹겠다!

1555년 루터파에게 유리한 아우크스부르크 평화 조약이 역사적으로 조인되었다. 이 조약으로 루터파 국가들은 가톨릭 예배를 금지시킬 수 있었지만 가톨릭 국가들은 루터식 예배를 허용해야 했다!

39년 동안 왕위에 있으면서 멕시코와 페루를 정복하고 포토시를 발견하고 루터, 칼뱅, 예수회가 뜨고 코페르니쿠스의 지동설이 나오고 튀르키예가 두 번이나 빈을 포위하는 것을 지켜보았던 카를로스 5세는 1558년 스페인에서 눈을 감았다.

스페인에서 엄격한 가톨릭교도 밑에서 자란 펠리페 2세는
아버지의 섬세함과 인내심과 실용주의를 약점이요 원칙의 결여라고 보았다.
아버지는 이 세상에서 악을 몰아내는 데 실패했다고 아들은 생각했다.

반면에 아들은 튀르키예가 되었건 신교도가 되었건 이단자와는 무조건 싸울 작정이었다.
펠리페 2세는 현실 감각이 아니라 신앙심으로 세상을 다스릴 생각이었다.

종교 전쟁은 아직 끝나지 않았다.

여기서는 새로운
국가가 탄생하지요!
기대 만빵!
아마 들어보셨을 텐데. 여러 나라가 힘을 합쳐서
독립 전쟁을 벌이면서 일이 시작되지요.
새 나라에는 자유로운 언론이 있고
정해진 종교가 없어요. 자유사상가를 환영하고
유럽 전역에서 반체제 인사를 받아들입니다.
거짓
진실
풍자
더 관용적이고 덜 억압적인 세상을 염원하는
사람들이 구름 떼처럼 몰려듭니다!
어느 나라를 말하는지 혹시 아시나 몰라?
청어와 치즈를 좋아하는 나라.
80년 동안 독립 전쟁을 벌인 나라.
망원경을 발명한 나라.
모르시겠다구?
아무튼, 좌우간, 궁금하면
계속 읽어보세요!
맹물

4
헤쳐모여!
어후! 티치아노!
아직 끝나려면 멀었나?
스페인 국왕 펠리페 2세는 합스부르크 제국의 일부만 물려받았다. 스페인과 네덜란드(아버지의 고향)는 다스렸지만 동유럽은 아니었다. '신성로마황제' 자리는 같은 합스부르크 집안의 사촌이었던 막시밀리안에게 돌아갔다. 그렇지만 펠리페에게는 스페인과 아메리카가 있었다. 펠리페는 아직 막강했다!
아직 덜 끝났습니다, 전하!
아직 그 얍삽하고 오만한 모습을 제대로 드러내지 못했거든.

펠리페 2세는 프랑스라는 적도 물려받았다.
두 왕국은 60년 동안 싸우고 있었다.
프랑스는 스페인의 아메리카 독점이 얄미웠다.
두 나라는 이탈리아 지배권을 놓고도 대립했다.
물론 스페인과 프랑스는 이웃 나라였다.

자연히 스페인은 프랑스의 앙숙이었던 잉글랜드 쪽으로 기울었다.
하지만 잉글랜드하고도 문제는 있었다.
헨리 8세가 결혼 문제로 로마 교회와 갈라선 것이다.

그때 스페인에게 행운이 따랐다. 잉글랜드의 왕위가 헨리 8세가 첫 아내로 맞아들인 아라곤의 캐서린과의 사이에서 태어난 메리 공주에게 돌아간 것이다. 메리는 독실한 가톨릭 신자였다.
카를로스 5세는 결혼을 주선했고 새로 왕좌에 오른 펠리페 2세와 메리는 1556년 신혼부부가 되었다.
당신 어머니가 나한테는 고모할머니인데도?
괜찮거든.
그런데 메리가 2년 뒤에 죽는 바람에 잉글랜드의 왕위는 메리의 배다른 동생 엘리자베스한테 돌아갔다. 엘리자베스는 평민의 딸인 데다가 망할 놈의 신교도였다.
(허걱)
내가 결혼을 하면 아버지한테서 물려받은 재산이 남편한테 굴러들어가고 나는 알거지에 무일푼이 되는 거거든.
둘이서 싸우지 말고 저 계집을 죽이라니까!
그래도 아랑곳하지 않고 펠리페 2세는 엘리자베스 여왕을 (멀리서) 집적거렸지만 그녀는 청혼을 뿌리쳤다.
미안하지만 난 팔고 사는 물건이 아니네요.
퇴짜를 맞은 스페인은 원수인 프랑스와 손을 잡았다. 1559년 펠리페는 또 다른 엘리자베스, 그러니까 프랑스 국왕 앙리 2세의 열네 살 먹은 딸과 결혼했다.
내가 당신 아들의 약혼녀였는데도?
괜찮거든.

# 프랑스를 뒤흔든 창

장인에 비하면 펠리페 2세의
가톨릭 신앙은 아무것도 아니었다.
앙리 2세는 프랑스의 이단자를
색출해서 화형에 처하고
혀를 잘랐다.
신앙심 때문에 그런 거지,
나도 알고 보면 착한 사람이우!
그렇지만 지금은 무기를
들 때가 아니었다! 결혼식을
축하하는 잔치가 열렸다!
앙리 2세는 기분이 좋아서
기사들과 칼싸움
놀이를 했다.

그러다가 근위병의 창에서 튄 파편이 눈에 박혔다.

가브리엘 몽고메리라는 스코틀랜드 출신의 근위병은
몸 둘 바를 몰라 했지만 앙리는 괜찮다고 했다.
흑흑… 저는 창만 들면
눈에 뵈는 게 없는 놈이라서…

그리고 미망인과 열 살 먹은
아들 샤를 9세를 두고 며칠 만에
눈을 감았다.
난 왜 이리
장인 복이
없을까…

폭군이 사라지고 어린아이가 왕으로 등극하니까 프랑스의 신교도였던 위그노파는 기가 살았다.
우디도 이데 따담답게 따다보다!
혀도 없으면서 뭘 그리 떠들어요?
('위그노'는 동반자라는 뜻을 가진 독일어 아인게노센에서 온 말이다.)
위그노교도는 이제 집에서, 헛간에서, 점령하고 약탈한 가톨릭교회에서 공개적으로 모였다.
믿습니까!
네! 네!
성서도 결국 해석하기 나름이라 이 소리구나.
호전적 가톨릭교도들은 위그노교도를 공격했다.
프랑스는 바로 내전에 휘말렸다.♪
가톨릭교도는 위그노교도를 악마의 무리로 보았지만 위그노교도는 더 깨끗하고 올바른 세상을 위해서 싸우는 투사를 자처했다.
흠잡을 데 없는 그리스도의 용사지요!
너무 겁이 없어서 탈이라고나 할까.
전쟁 초기만 하더라도 한 위그노 장교는 가스파르 드 콜리니라는 장군한테 신교도 병사들이 너무 점잖고 예의바르고 경건하다고 말했다.
욕도 안 하죠, 도박도 안 하죠, 적군한테도 잘 해주죠.
백전노장의 군인이었던 콜리니는 이렇게 대꾸했다. "아직 전쟁을 많이 못 겪어봐서 그래. 두 달만 싸워보라 그래, 다른 군대와 똑같아질 테니." 아니나 다를까…
티격태격
거 봐!

# 비열한 공격

프랑스 국왕의 어머니이며 앙리 2세의 미망인이었던 카트린 드 메디치는 프랑스에 관용과 평화의 전통을 뿌리내리려고 애썼다.
껴안지는 못할지언정 서로 죽이지는 말자는 거지요.

펠리페 2세는 그럴 마음이 없었다. 장모가 신교도를 두둔하는 것이 영 못마땅했다.
이탈리아에서 시집온 프랑스 여자를 어떻게 믿느냐고요!


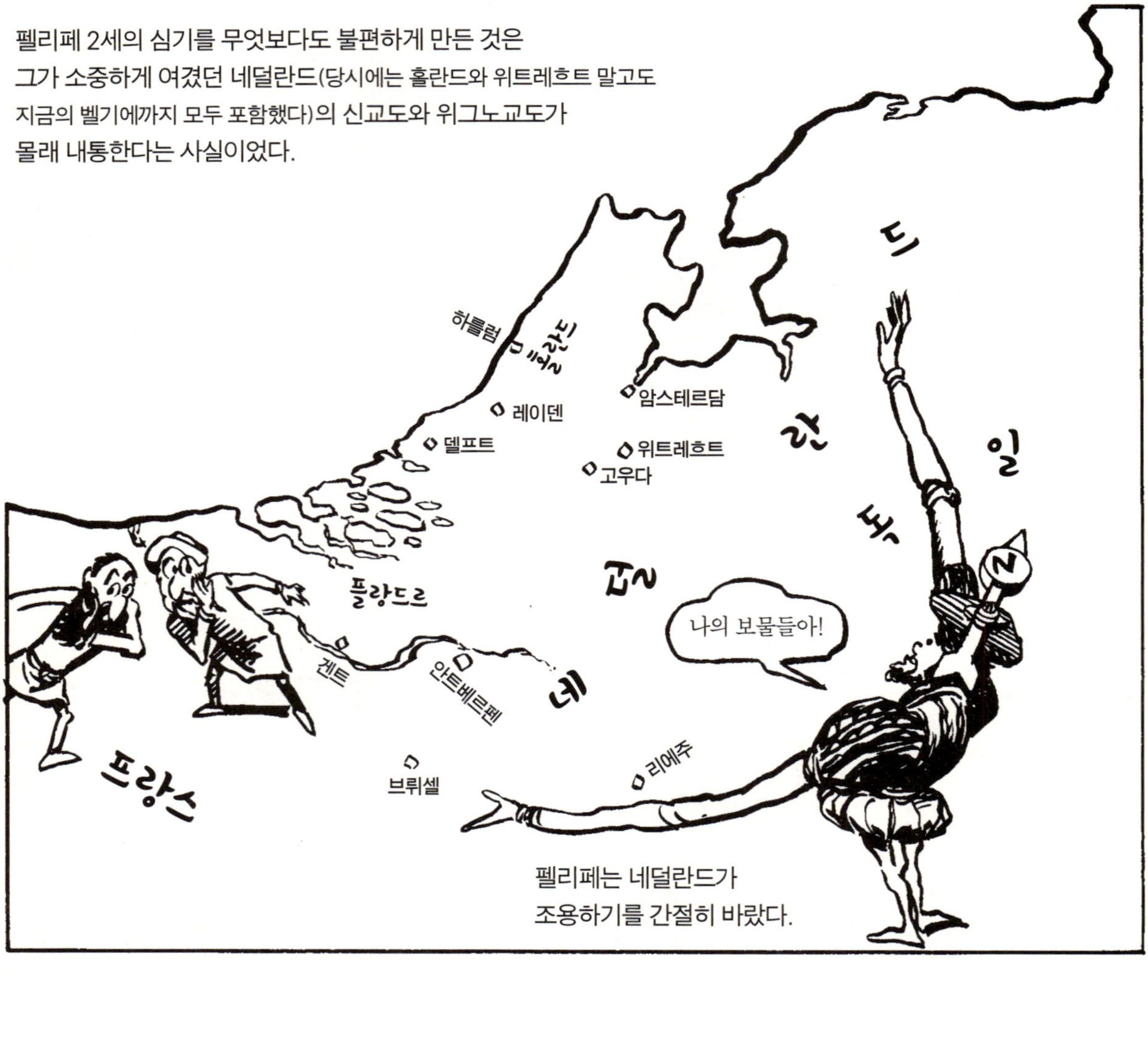

펠리페 2세의 심기를 무엇보다도 불편하게 만든 것은 그가 소중하게 여겼던 네덜란드(당시에는 홀란드와 위트레흐트 말고도 지금의 벨기에까지 모두 포함했다)의 신교도와 위그노교도가 몰래 내통한다는 사실이었다.
하를럼
홀란드
레이덴
암스테르담
델프트
위트레흐트
고우다
플랑드르
겐트
안트베르펜
네덜란드
독일
프랑스
브뤼셀
리에주
나의 보물들아!
펠리페는 네덜란드가 조용하기를 간절히 바랐다.

스페인 왕은 문제가 터지기 전에 선수를 치기로 마음먹었다.
그래서 1565년 신교도를 적발하기 위해 네덜란드로 심문관을 보냈다!

이 평평하고 습하고 낮은 작은 땅이 자기가 절대 군주로 군림하는 스페인과 얼마나 다른지 펠리페 왕은 까맣게 몰랐다.

네덜란드에서 정치는 철저히 아래로부터 이루어졌다. 도시마다 고장마다 주민들로 이루어진 모임과 시의회가 있어서 귀족도 중요한 문제가 있으면 거기서 의견을 물었다.

네덜란드에서 무소불위의 권력을 휘두르는 유일한 사람은 둑을 관리하는 기술자였다. 바닷물을 막는 제방을 관리하는 이 사람이 한마디 하면 너도나도 달려와서 일을 거들었다!

네덜란드에는 물론 펠리페가 임명한 총독이 있었다. 현지어*를 할 줄 알아서 주민들의 관습을 잘 알았던 배다른 누이 마르가레테였다.

네덜란드에는 또 스타드호우데르라는 독특한 임명직이 있었다. 스타드호우데르는 현지인 출신의 귀족이 맡았는데 주민들과 왕 사이에서 징검다리 역할을 맡았다.

* 플랑드르어 또는 네덜란드어라고도 하며 저지독일어(북부 및 북서부 독일어)의 한 갈래. 프리슬란트에서 쓰이는 사투리는 게르만어 중에서 영어와 제일 가깝다.

1565년 스타드호우데르를 맡았던 사람은 프랑스, 독일, 네덜란드에 모두 땅이 있던 서른두 살의 공작이었다.
다시 보니 반갑구려! 가족들은 잘 지내지? 의회는? 도시는? 시의회는? 해수관리실은?
쩝!
그의 이름은 오라녜 집안의 빌렘이었다. 오라녜는 프랑스 오랑 지방에 뿌리를 둔 귀족 집안이었다.
그 보슈라는 사람 어떻게 생각하나? 그 사람은 화가가 아니라 코미디언이야!
빌렘은 독일에서 루터파 신앙을 가진 어머니 밑에서 자랐고 스페인에서는 가톨릭 사제들이 가르치는 학교를 다녔다.
브뤼겔은 또 어떻구! 엉터리! 우리 튼튼한 농부들이 그렇게 엽기적이고 추하고 어리석게 생겼다는 거야? 빌렘 생각은 어떠신가?
어흠…
빌렘은 독실한 가톨릭 신자였을까?
어떻게 생각하냐니까?
쿨룩!
알 도리가 없다. 그는 침묵 공 빌렘으로 불렸다.
뭐라고 말 좀 해봐요!
통촉하소서!
프랑스어, 독일어, 네덜란드어, 스페인어, 영어, 라틴어에 능통하면 뭘 하누… 말을 해야 알아먹지.
빌렘의 애독서는 마키아벨리의 『군주론』이었다.
뭘 통촉하라는 거야? 싱겁기는…

특유의 융통성을 발휘하여 네덜란드 사람들은 칼뱅주의자를 받아들였고 무허가 인쇄기도 들여와서 마음대로 책도 찍어냈다.
그래도 요리책은 없었겠지요, 그 시절에는.
사상경찰이나 다를 바 없는 펠리페의 심문관들은 거리에 붙은 격문과 나도는 책자를 보고 깜짝 놀랐다.
하여간 책을 읽으면 꼭 문제가 생기더라구.
네덜란드에 처음으로 심문소가 들어서자 사람들은 술렁거렸다.
1565년 오라녜의 빌렘을 비롯해 뜻있는 네덜란드 귀족들은 심문소를 없애달라는 청원장에 서명했다. 총독은 노력해보마고 약속했다.
서둘러주시기를, 간청드리옵니다. 매연이 이 나라의 건강을 좀먹고 있습니다.
매연이 건강을 해치는지 안 해치는지는 좀더 시간을 두고 지켜봐야 하오.
그러는 동안 칼뱅교도들은 참지 못하고 가톨릭교회로 쳐들어가서 황금을 벗겨내고 신부들을 살해했다.
아니꼬운 녀석들은 못 보거든!
마르가레테는 신교도 폭도를 귀족이 나서서 막아야만 심문소를 없애보겠다고 말했다.
먼저 성의를 보이시오.
저도 같은 생각입니다만…

하지만 펠리페 2세는 나름대로 생각이 있었다. 왕의 심복이며 우락부락한 알바 공이 군사들과 왕의 포고령을 들고 안트베르펜에 나타났다.
마르가레테는 파면되었고 알바가 총독 자리에 올랐다. 심문소는 없어지지 않았다.♪
사람들을 들들 볶는다고 생각이 달라질까?
그러니까 들들 좀 볶지 마!
알바는 이 모든 것이 역적 빌렘 때문이라고 규정하고 빌렘의 재산을 몰수했다. 빌렘은 독일로 종적을 감추었다.
어디 갔어?
워낙 조용해서…
1568년 빌렘은 반란군을 이끌고 와서 스페인 수비대를 격파했다.
결국 펠리페는 긁어 부스럼을 만든 셈이었다. 네덜란드에서 내전이 일어난 것이다!
이를 어쩐다?
강하게 나가야지요! 우리 식으로 사는 걸 혐오하는 무리하고는 절대로 타협하면 안 되거든요.
스페인이 네덜란드에 철퇴를 가하자 수많은 신교도가 특히 잉글랜드로 달아났다. 잉글랜드는 낙후된 땅이었다.
칼뱅주의는 사업가에게 호소력이 있었다고 역사가들은 흔히 말한다. 훗날의 보상을 위해 자기희생을 감수하는 효율성과 절약 정신을 강조한다는 것이다.
이 나라에 온 것부터가 자기희생이었지!
이가 스멀거리는 이 옷 좀 보라구요!
결국 안트베르펜은 돈 잘 버는 사업가들을 많이 잃었고 잉글랜드는 도자기, 직조술, 미술, 무역, 청교도 정신을 얻었다!
한마디로 좋은 옷을 입고 힘들게 살자고 말하는 거지요!
!

## '레판토' 해전

바닥이 난 포토시 은광, 침체에 빠진 안트베르펜,
네덜란드 주둔에 들어가는 막대한 군사비,
프랑스의 신교도 같은 문제도 골치
아파 죽겠는데 튀르키예의 오토만 제국까지
스페인을 괴롭혔다.

1570년 오토만 해군은 튀르키예 해역에서 이교도 세력을 몰아내기 위해
북아프리카와 키프로스에 있던 스페인과 베네치아 기지를 공격했다.

포토시와 안트베르펜 때문에 돈줄이
말랐지만 펠리페는 오토만 제국에
맞서기 위해 오스트리아의
사촌들과 함께
합스부르크
'신성 동맹'을
맺었다.

스페인은 전함 80척과 수천 명의 군사, 펠리페의 배다른 형제 돈 후안 사령관을 보냈다(네덜란드 총독을 지냈던 배다른 누이 마르가레테처럼 그도 카를로스 5세의 자식이었다).

여기다 베네치아가 보낸 100척의 전함과 기타 수십 척이 보태진 동맹군 함대는 그리스의 코린트 만에 있던 나브팍토스(그리스어로 '조선소'라는 뜻)에서 튀르키예 함대를 발견했다. 나브팍토스를 후대 사람들은 어떤 영문인지 레판토라는 잘못된 이름으로 불렀다.

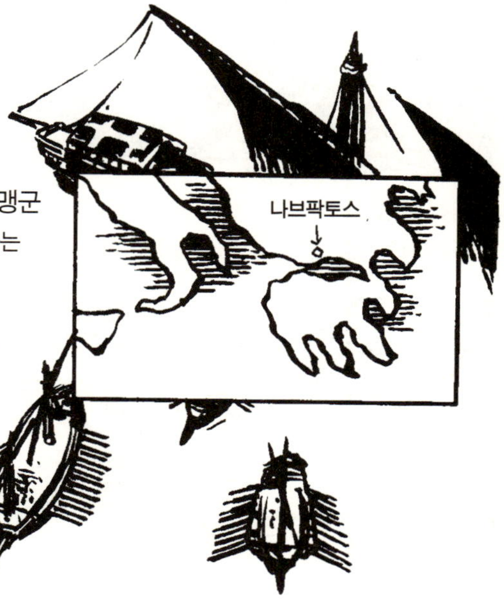

튀르키예 함대도 비슷한 규모였다. 그러니까 아무리 바다가 넓었어도 400척의 전함이 모여드니 복작거렸다.

동맹군은 병력에서도 화력에서도 튀르키예를 능가했다. 동맹군의 대포는 상선을 개조한 베네치아의 큼지막하고 통통한 배에 설치되었으므로 거의 흔들림이 없었다. (다른 배들은 길쭉하고 호리호리한 데다 노를 저었으므로 많이 흔들렸다!)
콰 콰
신성 동맹군은 압승을 거두었다. 튀르키예 해군 제독 알리 파샤는 거의 모든 전함을 잃고 포로가 되었다.
튀르키예 황제는 꿈쩍도 하지 않고 다시 전함을 만들라고 지시했다. 그래서 스페인은 당분간 지중해에 발이 묶여 있을 수밖에 없었다.
임무 완수!
잘 안 알려진 이야기지만 튀르키예는 러시아 땅 몰로디라는 곳에서도 참패를 당했다. 튀르키예와 같은 편이었던 크리미아 지방의 유목민 부대가 미하일 보로틴스키 공이 지휘하는 러시아 군대와 맞붙었다.
1572년 8월 사흘 동안 벌어진 전투에서 러시아 군대는 매복과 이동 요새로 유목 부대를 박살내고 튀르키예 기마대를 섬멸했다.
왜 이런 사실이 안 알려졌을까? 당시 러시아 황제였던 이반 뇌제가 보로틴스키 공을 질투하여 고문해서 죽이고 승전 기록도 책에서 지우라고 명령했기 때문이었다.
역사도 그리 믿을 게 못 된다우!

# 결혼식 타종

콜리니는 스페인이 튀르키예와 싸우느라고 허덕이는 것을 보고 네덜란드의 스페인 군대를 공격하기로 마음먹었다. 그리고 네덜란드의 반란군에게 같이 싸우자고 제안했다.

카트린은 그 계획이 못마땅했다. 프랑스의 가톨릭 진영이 수수방관할 리 없었다. 신교도 세력이 너무 커지는 것도 문제였다. 전쟁은 프랑스를 분열시킬 것이다. 이를 어쩔 것인가? 샤를 왕은 이제 스물두 살의 성인이니 혼자서 결정을 했다.

1572년 나바라의 앙리는 결혼식을 치르러
1만 명의 위그노교도를 거느리고 파리에 왔다.
기즈의 부하들은 파리 곳곳에서
칼을 갈고 있었다.
슥삭 슥삭 슥삭
결혼식은 8월 17일에 있었다. 가톨릭 예배에 참석하고 싶은 마음이 없었던
신랑은 미사가 진행되는 동안 주로 교회 밖에 서 있었다.
그리고 신랑 앙리는 신부 마르그리트에게
9장 14조에 규정된 대로 결혼 전에 가졌던 종교를
그대로 믿고 종교 의식과 성물에도 자유롭게
접근할 수 있게 해주겠다고 약속하겠는가?
글쎄요…
엿새 뒤 프랑스 국왕의 침소로 어머니와 남동생이
느닷없이 찾아왔다. 그들은 기즈의 계획을 설명했고
왕은 처음에는 충격을 받았다.
하지만 나중에 가서는 콜리니를 비롯한
이단 세력에게 악담을 퍼부었다.

그날 파리에서만 적어도 5천 명의 위그노교도가 죽었다. 프랑스 전역에서는 그보다 더 많은 사망자가 나왔다.

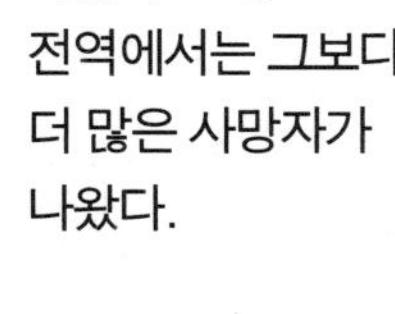

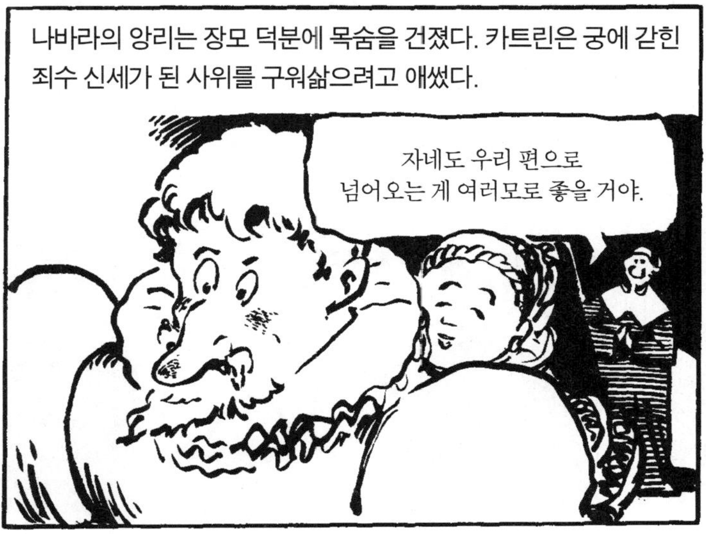


샤를 9세는 죄책감과 결핵에 시달리다가 20개월쯤 뒤에 죽었다. 스페인과의 전쟁은 자연히 흐지부지되었다.

# 네덜란드의 참변

프랑스를 등에 업은 오라녜의 빌렘은 아직 프랑스가 쳐들어오지 않았는데도 1572년에 스페인에 맞서 봉기했다.
그래서 8월 24일 성 바르톨로메오의 학살은 빌렘에게는 마른하늘에 날벼락이었다.
스페인은 반격에 나섰고 네덜란드 반란군은 물러설 수밖에 없었다.
파리에서 보고 들은 것이 많았는지 스페인 군대는 저항하는 사람은 닥치는 대로 죽였다.
하지만 공포심을 주려고 저지른 학살은 적개심과 더 큰 저항을 불러일으킬 수도 있었다. 1573년 말 저지대에 있던 도시 레이덴은 성문을 닫고 스페인 군대를 안 받아들였다.
안녕! 문 좀 열어주쇼! 우린 나쁜 사람 아니라니까 그러네!
우린 사람을 죽여도 이성적으로 죽입니다! 감정을 앞세우지 않아요! 그게 우리 원칙입니다!
우리도 가족이 있는 보통 사람이외다! 군인도 사람이란 말이오!
성 밖에 있던 빌렘은 레이덴 지도자들과 숙의한 끝에 네덜란드 사람은 감히 꿈도 못 꿀 일을 저지르기로 마음먹었다.

둑을 허물어 스페인 군대를 바닷물로 덮치고
상선이자 해적선이자 밀수선이었던
네덜란드 해군의 이른바
'바다의 거지 떼'를
몰살시켰다.
빌렘은 뜻 깊은 승리를 어떤 식으로든
기념하기로 마음먹었다.
기념상을 세울까?
기둥을 올릴까?
풍악을 울릴까?
그래서 레이덴 대학을 세웠다. 덕분에 레이덴은 몇 세기
동안 유럽 과학을 이끌어가는 중심 도시로 떠올랐다.
너무 시시하다!
보너스나 좀 주지.
대학은 어떻게 들어가나?
자넨 기초가 없어서 안 돼!
기초 하면 저거든요.

그들은 안트베르펜으로 우르르 몰려가서 악에 받친 인간이 할 수 있는 온갖 짓을 하면서 욕심을 채웠다. 플랑드르는 스페인의 만행에 치를 떨었다.

설상가상으로 봉급을 받지 못한 군인이 탈영을 하거나
폭동을 일으키니 펠리페 왕으로서는 죽을 맛이었다.
주름살 감추려고 쓴 새 모자

1577년 반군은 네덜란드를 대부분 장악했다!

펠리페는 반격에 나섰다. 오토만 제국과 휴전을 하니
군사를 네덜란드로 돌릴 수 있었다.
포토시의 은광도
되살아나고!
충성!

젊은 장군 알레산드로 파르네세가 이끄는 스페인
군대는 부유한 네덜란드 남부 지방을 많이 되찾았다.
우리한테 작살난 다음부터는
알거지가 되었죠.

반란군은 남쪽은 포기하고 지킬 수 있는 땅이라도 지키기로 결심했다. 1579년 북부 지방들은 네덜란드
지역연합이라는 새로운 나라를 만들고 1581년에는 스페인으로부터 독립을 선언했다.
네지연! 네지연!
무슨 나라
이름이 저래…
N
스페인의 줄기찬 공격에도 네덜란드 지역연합이
살아남은 데는 스페인과 사이가 벌어진
또 한 나라의 도움도 적지 않았다.

# 태평성대 잉글랜드

1584년 스페인의 첩자가 오라녜의 빌렘을 집에서 죽였다.
이렇게 해서 한 나라를 세웠지만 후세에
통 안 알려진 사람이 세상을 떠났다.

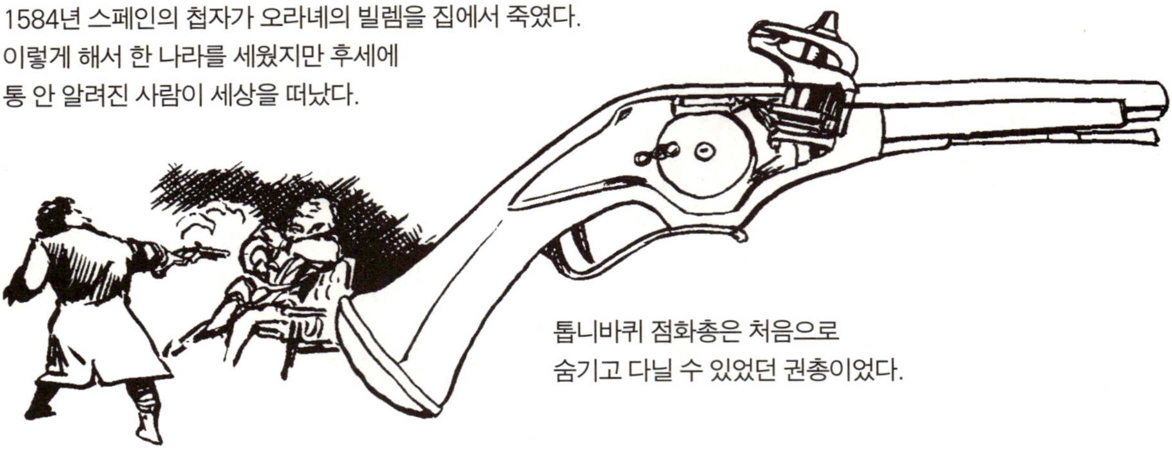

그때까지 잉글랜드는 해적질은 열심히 하면서도 스페인과 사이좋게 지냈다. 벌써 1562년에 존 호킨스 선장은 스페인이 차지한 카리브 해 지역으로 노예를 밀수했다. 호킨스는 내친 김에 스페인 선박과 식민지 항구까지 약탈했다. 하지만 엘리자베스 여왕은 혼내기는커녕 호킨스를 해군 총사령관으로 임명했다!

프랜시스 드레이크는 한술 더 떴다. 드레이크는 악명 높은 해적이었는데 은밀하게 여왕의 일을 도왔다.
1577년 엘리자베스는 세계를 누비면서 스페인 재물을 훔쳐오라고 드레이크를 보냈다.
끼야호!
전쟁이 터지자 드레이크의 해적선은 스페인 서남부의 카디스 항구로 몰래 들어가서 부두에 정박 중이던 스페인 전함 수십 척에다 불을 질렀다.
해적선이다! 노예상이다! 왜 쟤네들은 남들처럼 은광 하나 못 찾아내고 만날 도둑질만 하려들까?
펠리페는 잉글랜드의 정권을 바꾸기로 마음먹었다.
네덜란드 지역연합
플랑드르
스페인은 새롭게 중무장한 아르마다 함대를 잉글랜드 해협으로 보내고 알레산드로 파르네세가 이끄는 1만 6000명의 보병을 플랑드르 해안으로 집결시킬 셈이었다.
아르마다 함대가 도착하면 파르네세의 지상군과 힘을 합쳐 잉글랜드로 쳐들어가서 엘리자베스를 몰아내고 그녀의 사촌이며 가톨릭 신자였던 스코틀랜드의 메리 여왕을 그 자리에 앉힐 생각이었다.

아르마다 함대가 파르네세의 지상군과 연락할 방도가 없었다는 사실! 워낙 중무장을 해서 물속 깊이 잠겨 있던 터라 북프랑스의 어떤 항구도 스페인 전함을 감당할 수 없었다는 사실! 엘리자베스가 사람들을 시켜서 1586년에 스코틀랜드 여왕을 참수했다는 사실은 아랑곳하지 않았다!
윽!
한번 세운 계획은 무조건 밀어붙여야 했다. 아르마다 함대는 1588년 5월 28일 수많은 사람이 지켜보는 가운데 원정에 나섰다.

7월에 함대는 잉글랜드 해협에 도착했지만 마땅한 항구가 없어서 드넓은 바다에서 닻에만 기대어 옹기종기 모여 있기도 했다.

그런 식으로 어영부영 시간을 보내고 있을 때 갑자기 매캐한 연기 냄새가 났다.

폭약을 가득 실은 채 파도를 타고 스페인 함대 쪽으로 다가온 잉글랜드 배들에서 불길이 솟구쳤다.
대장님! &%$#!!
아르마다 함대는 갈팡질팡했고 잉글랜드는 공격을 퍼부었다. 두 나라는 화약이 떨어질 때까지 싸웠다(1588년 7월 29일). 그런데 프랜시스 드레이크는 도중에 돈을 가득 실은 스페인 배를 추격하기 위해 대오를 이탈하여 부하들을 실망시켰다. 해적 출신 사령관은 역시 달랐다.
덩치만 컸지 스페인 함대는 미꾸라지처럼 약삭빠른 잉글랜드 함대의 적수가 못 되었다. 스페인 함대는 열한 척의 배를 잃거나 빼앗기고 파르네세의 육군을 그냥 둔 채 북서쪽으로 쫓겨갔다.
아르마다 함대는 북쪽으로 스코틀랜드와 아일랜드를 돌다가 거센 풍랑으로 절반의 배와 대부분의 선원을 잃고서 간신히 귀환했다. 스페인 육군은 바닷가에서 발만 동동 굴렀다.

아르마다 함대의 패배로 스페인은 초상집이었지만
잉글랜드는 호시절을 만났다. 사람들은 잉글랜드가
태평성대를 누렸던 시절을 미화하곤 했다.

그렇지만 가톨릭 신자에게는 전혀 태평성대가 아니었다. 잉글랜드에서는 가톨릭 신앙이 불법이었다.
정부는 사방에 첩자♪를 심어두고 가톨릭 신자를 잡아들였다.

1588년 셰익스피어는 바야흐로 탄탄대로로 접어들었지만 스페인과의 전쟁으로 나라 살림이 거덜나면서 잉글랜드의 태평성대는 막을 내리고 있었다.

# 파리가 뭐길래?

1572년 파리에서 대학살극을 겪은 뒤 샤를 9세는 실성했고 위그노교도였던 처남 나바라의 앙리는 궁궐에 갇혔다.
무서운 장모 메디치의 카트린은 사위의 마음을 잡으려고 애썼다. 신부들을 보내 공부도 가르쳤고 심지어는 애인까지 만들어주었다.
나 같은 장모 있으면 나와 보라 그래!
엄마!
앙리는 호시탐탐 빠져나갈 기회만 엿보았다. 1576년 드디어 탈출에 성공했다.
서라!
앙리는 신교도 진영으로 가서 전투에 가세하여 혁혁한 공을 세웠다.
전쟁이 벌어지는 동안 도시가 포위당해서 식량이 떨어진 신교도들은 굶주림을 못 견디고 가죽을 먹기 시작했다.
아서요, 생가죽은 야만인이나 먹는 거지!
당시 시민이 남긴 편지에는 가죽 조리법이 적혀 있다. 바닷물에다 가죽을 적어도 하루 동안 담가놓고 물을 자주 갈아준다. 야채와 양념을 넣고 말랑말랑해질 때까지 끓인다. 가늘게 썬 다음 버터가 있으면 살짝 볶는다. 편지는 "내 평생 그렇게 맛있는 음식은 처음 먹어보았다"는 말로 끝난다.
동서양을 막론하고 역시 시장이 반찬인 것이다.
맛있다! 소스는 뭐야?
있잖아, 죽은 동물 발굽을 끈끈해질 때까지 잘 삭혔다가…

프랑스 가톨릭교도들의 고민은 나바라의 앙리가 왕의 동생 다음으로 왕위를 물려받을 후계자라는 데 있었다.
프랑스 왕실 가계도
1584년 왕의 동생이 죽자 앙리는 졸지에 후계자 1순위로 올라섰다(국왕 이름도 똑같이 앙리였다).
신은 우리를 사랑해
가톨릭 진영은 양분되었다. 스페인의 후원을 받았으며 기즈 공작과 추기경이었던 그의 형제가 이끌던 가톨릭 동맹은 신교도 왕은 절대로 안 된다는 입장이었다.
말도 안 돼!
국왕 앙리 3세를 비롯한 '외교파'는 타협과 평화를 원했다.
선의를 갖고 문제를 풀어나가면
닥쳐! 닥쳐! 닥쳐!
가톨릭 동맹은 완강했다. 강경파가 많았던 파리는 당장이라도 들고 일어설 기세였다. 1588년 중반 왕은 군대를 투입했다.
닥쳐! 닥쳐! 닥쳐!
파리는 앙리 3세를 쫓아냈다.
닥쳐! 닥쳐! 닥쳐!
왕은 호인답지 않게 음모를 꾸몄다. 자객을 보내 기즈 형제를 없애기로 한 것이다. 12월 23일 기즈 공작이 먼저 쓰러졌고 그다음날 추기경도 칼을 맞았다.
메리 크리스마스…

가톨릭 동맹이 왕을 죽이려고 혈안이 되어 있었으므로 왕은 가톨릭 신자로만 이루어진 군대를 이끌고 어쩔 수 없이 유일하게 안전한 곳으로 피했다. 바로 나바라의 신교도 진영이었다.

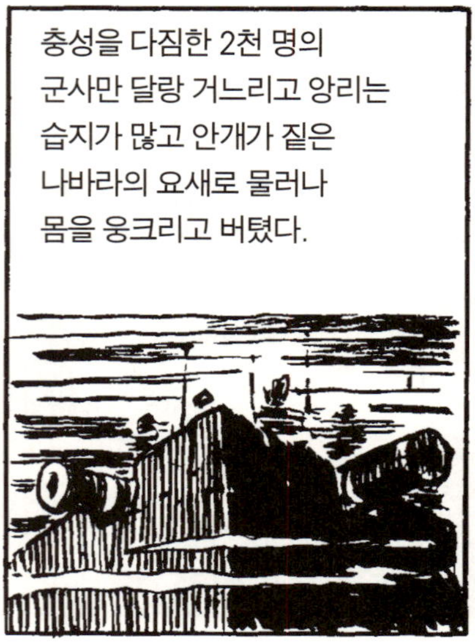

그들이 기다린 것은 지원군이었다. 잉글랜드에서 4천 명, 위그노파에서 5천 명의 증원군이 왔다. 앙리는 공세에 나섰다.
끈기 있게 버티다가 지원군이 와주니까 사분오열된 적을 가볍게 누를 수 있었던 거지요.
지도자 노릇을 했던 기즈 형제가 죽은 데다 돈이 바닥난 스페인의 도움도 변변치 않아서 가톨릭 동맹은 밀릴 수밖에 없었다. 위그노 군대는 파리를 포위했다. 식량이 떨어져서 3만 명의 파리 시민이 굶어 죽었다.
앙리는 파리로 밀고 들어가서 박살내든가 가톨릭으로 개종해서 민심을 얻든가 양자택일을 해야 했다. 앙리는 이 유명한 말로 자신의 선택을 나타냈다.
“파리는 미사를 받을 자격이 있지!”
그렇게 해서 앙리는 가톨릭으로 개종하여 앙리 4세로 등극했다. 굶주린 파리 시민에게 왕은 “냄비마다 닭 한 마리씩” 안겨주마고 약속했다. 1594년 앙리 4세가 나타나자 파리는 (닭만 빼고) 환호의 도가니였다.
쳇!
비록 개종은 했지만 앙리 4세는 신교도를 보호했다. 프랑스 국민은 지금도 앙리 4세를 “르 봉 루아” 곧 선왕으로 칭송한다. 자고로 그런 대접을 받은 왕은 드물다.

# 승자는…

전쟁에 휘말린 지 30년도 못 가서 초강대국 스페인은 파산했다.
역사는 반복되지 않는 법인데…
미국 대통령이라고 그래도 얻어들은 건 있어 가지고!
스페인의 군사력과 경제력과 정신력이 무너지면서 가장 이득을 본 나라가 어디일까?
잉글랜드? 노!
으으으으 아직 술이 깨려면 몇십 년은 더 있어야 돼!
프랑스? 노!
우선 닭 5000만 마리를 기르는 게 시급해요, 우린!
답 : 네덜란드 지역연합, 곧 네덜란드 공화국이었다.
같은 태평성대라도 우린 돈 버느라 너무 바쁘다우.
1600년이 되면 네덜란드 무역선은 서아프리카까지 진출해서 더 좋은 물건과 싼 가격과 이따금 대포를 동원하면서 포르투갈을 밀어냈다.
솔직해서 좋잖아요?
네덜란드는 얼마 안 가서 극동까지 진출했다. 세계 무역을 주름잡는 해상 강국이 된 것이다.
저게 산이야 배야?
잘 모르겠는데…

스페인은 전쟁을 벌이던 네덜란드한테서 물자를 사들여야 하는 묘한 처지에 놓였다.
이봐요! 강대국도 손가락만 빨 수는 없다구.
워낙 눈이 높아서리…
직접 사는 건 아니구요, 거간꾼을 통해서…
적에게 물건을 파는 네덜란드도 입장이 묘하기는 마찬가지였다.
"돈이 웬수"란 말도 있지 않소?
돈에는 국경이 없다!
아멘!
옳소!
1598년 펠리페 2세가 죽었다. 아들 펠리페 3세는 무르고 온순했지만 게을렀다. 1609년 그는 네덜란드와 12년 동안의 휴전에 서명했다.
좋았어. 이제부터 더 신나게 돈이나 벌자!
우리야 돈 버는 거 말고 할 줄 아는 게 있나.
(한편 스페인은 1609년과 1610년 사이에 마지막까지 남아 있던 이슬람교도 30만 명을 대부분 모로코로 쫓아내면서 세월을 보냈다.)
1605년 유럽 최초의 소설 『돈 키호테』가 나왔다. 몰락을 걷던 스페인이 정복에 집착하는 것을 풍자한 내용이었다.
웃어야 할지 울어야 할지 모르겠다!
펠리페 3세
1장에서 주인공은 기사들의 무용담을 너무 많이 읽은 나머지 실성을 해서 악당을 처부수기 위해 모험을 떠난다.
정의의 칼을 받아라!
『돈 키호테』의 작가 미구엘 데 세르반테스가 천재인 까닭은 당시 스페인 남자들이 높이 쳐주지 않았던 남자의 점잖음과 품위를 잘 살려낸 데 있다.
남자의 여성다움을 잘 드러냈다는 말씀이시죠?
그 점에서는 저하고 통하네요, 허허.

같은 유럽인에게도 네덜란드 사람은 특이해 보였다. 강력한 중앙 정부 없이도 일을 잘만 꾸려나갔기 때문이다.
그럼, 우리 같은 사람은 어떻게 살라는 거야!
국민을 대변하는 의회는 있었지만 주 정부와 자치체는 하고 싶은 일을 척척할 수 있었다.
그런 어지러운 세상은 오래 못 가는 법이라오.
주민이 모두 구교도인 주도 있었고 주민이 모두 신교도인 주도 있었는데 어떻게 나라를 다스릴 수 있었을까?
다스려요?
한 가지 이유는 과묵한 빌렘이 차이를 받아들였기 때문이었다. 빌렘이 이끈 군인들은 주로 신교도였지만 빌렘은 구교도 친구도 많았다.
정말 이해가 안 돼!
덕분에, 네덜란드인은 아무리 방향이 달라도 누구나 생각하고 싶은 대로 생각하게 놓아두는 데 익숙해졌다.
솔직히 난 당신네처럼 말로만 애국하는 사람은 상종도 하기 싫수!
그러시구나. 오늘은 생선 몇 마리나 드릴까?

또 네덜란드에는 서로 도와서 둑을 쌓는 오랜 전통이 있다. 바다의 위협 앞에서 사람들은 하나로 뭉쳤다.
둑이 무너지면 니 편 내 편 할 거 없이 다 죽어요!
네덜란드를 하나로 묶은 또 하나의 요소는 스타드호우데르에 대한 존경심이었다.
근데 왜 존경하는 거지?
존경하는 형님이 존경하기에 저도 얼떨결에…
땅덩어리가 작은 데다 평지라서 사람들 사이에도 벽이 낮았다.
그리고 암스테르담이 있었다. 안트베르펜이 기우니까 암스테르담이 떴다. 사람과 돈이 흘러들었다.
암스테르담은 항구를 넓히고 동심원을 그리는 아름다운 운하를 팠다. 상인과 고관은 너도나도 웅골찬 저택을 지었다.
암스테르담은 네덜란드에서 가장 떵떵거렸다. 그래서 암스테르담의 동향에 네덜란드가 귀를 기울였다!
이 나라는 강력한 해군이 있어야 돼!
해군이 있어야 나라가 산다 산다, 복창!
암스테르담은 미술로도 유명했다.
이 그림도 한번 보시죠. 재물 욕이 얼마나 허망한 것인가를 고뇌하는 모습으로 담아냈지요.
우린 재물을 좋아하는데…
그럼 사장님들처럼 사업가를 단체로 그린 이 그림이 좋겠군요!

가장 관용적인 나라에서도 가장 관용적인 도시였던 암스테르담은 자유사상가, 유대인, 다양한 신교 종파, 그리고 남의 일에 시시콜콜 간섭하지 않고 살아갈 수 있는 사람들을 끌어들였다.
그런데 당신 하는 일이 뭔가요?
몰라도 돼요.
암스테르담은 금융, 수출입, 조선, 해운, 어업, 도소매, 다이아몬드 가공, 꽃 재배, 안경이나 돋보기를 위한 렌즈 가공으로 먹고살았다.
그래서 이곳에 오시면 세상이 투명해 보이지요.
1593년 튀르키예에서 네덜란드로 처음 들어온 튤립은 누구나 탐을 내는 금싸라기 꽃이 되었다. 특히 바이러스 때문에 줄무늬가 난 꽃이 생기면서부터는 더 그랬다.
꽃값이 너무 치솟으니까 사람들은 나중에 되팔아서 이익을 보려고 너도나도 꽃을 사들였다.
튤립 뿌리 하나에 6000플로린이라? 제정신이에요?
그래도 없어서 못 산다는 거 아냐.
(6000플로린은 보통 사람이 40년 동안 일해야 벌 수 있는 돈이었다.)
결국 1637년에 거품이 터지면서 꽃값이 폭락했다. 사람들은 대부분 빈털터리가 되었다.
6000플로린을 줬는데 남은 건 이 망할 놈의 꽃 한 송이뿐이네!

# 어디까지나 이론

1608년 네덜란드의 한 안경사가 렌즈 두 알을 떼어놓고 보면 세상이 다르게 보인다는 사실을 알아냈다.
그는 원통 안에다 렌즈들을 넣어서 최초의 망원경을 만들었다(겨우 4배율이었지만).
우리 같은 뱃사람들은 그런 거 없어도 잘만 살아요!
부인이 바람을 안 피우나 망원경으로 엿볼 수 있다니까요!
몇 달도 못 가서 누군가가 세상을 다르게 보는 방법을 알고 싶어하던 이탈리아의 갈릴레오 갈릴레이에게 그 망원경을 들고 갔다.
특히 몰래 엿보는 데는 그만이더군요!
여기서도 잘 보일까?
1609년 갈릴레오는 25배율의 망원경을 만들어냈다. 그리고 밤하늘을 올려다보고 기존의 천문학 상식을 흔들어놓았다.

그 당시에는 지구가 중심에 오는 프톨레마이오스의 오래된 천동설을 가르쳤다. 천동설은 간단했다. 해와 달과 행성이 모두 지구 둘레의 투명한 궤도를 따라 움직인다는 것이었다. 그리고 각 행성은 마치 굴렁쇠가 굴러가는 것처럼 중심 궤도 위에서 또 하나의 작은 궤도를 그리면서 후진 운동을 한다고 보았다. 우주 공간 밖의 특정한 지점에서 관찰하지 않으면 이 굴렁쇠 같은 작은 원운동은 때로는 빨라지는 것처럼 보인다는 등등의 소리였다.

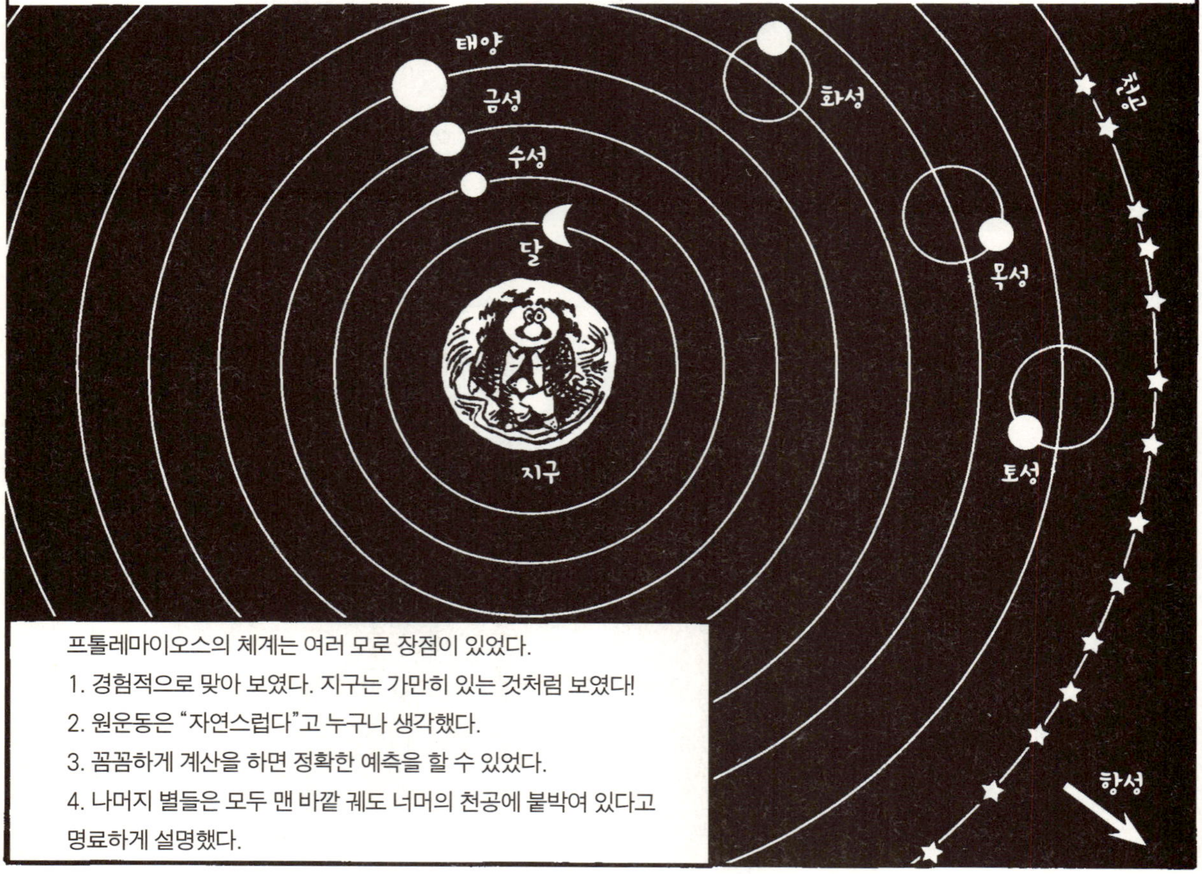

이미 1300년대에 니콜 오렘이라는 수도사는 지구가 돌고 하늘이 그 자리에 있어도 죄다 같이 보일 것이라고 주장했다.
어디까지나 이론이니까 신경 끄셈!
프톨레마이오스의 신봉자들은 지구가 돌면 떨어져나갈 거라면서 발끈했고 오렘의 설은 파묻히고 말았다.
아까운 사람이죠. 무지개의 원리도 설명했고 그래프도 썼고 미적분의 기초도 일부 고안했는데!
흥!
흥!
흥!
흥!
그렇지만 지구는 돌면 떨어져나간다면서 천체는 돌아도 왜 떨어져나가지 않는 건가? 덩치도 지구보다 훨씬 큰 것들인데!
안 그래요?
그, 그치만…
하, 하지만…
흥!
흥!
흥!
1490년대에 니콜라스 코페르니쿠스가 그렇게 주장했다. 지구물리학을 천체에 처음으로 적용한 것이다.
하지만 천체는 굉장히 다르다니까!
아리스토텔레스 말이라니까.
아리스토텔레스를 못 믿는 거야?
뭐, 이론이 그렇다는 거죠!
코페르니쿠스는 지구를 비롯한 행성들이 태양 주위를 도는 구조를 계산을 통해 내놓았다. 별들은 그냥 저 멀리 있을 뿐이었다.
태양
수성
금성
지구
화성
목성
토성
별들
코페르니쿠스는 이 이론이 물의를 빚을 것이라고 생각했기 때문에 (요약본을 제외하고는) 1547년 눈을 감을 때까지 정식으로 책으로 내지 않았다.
어디까지나 이론이니까 신경 끄셈!

코페르니쿠스가 죽고 얼마 안 지나서 덴마크의 티코 브라헤라는 귀족이 결투를 벌이다가 코를 잃고 천문학에 뛰어들었다.
속세를 등지란 소리구나…
은으로 새로 코를 단 그는 우라니보르그라는 천문대를 짓고 어둠 속에서 울분을 삭이면서 연구에 몰두했다.
뭘 봐?
그렇게 브라헤와 연구진은 몇 년 동안 천체의 운동을 꼼꼼하게 쟀다. 1577년에 나타난 혜성도 물론 놓치지 않았다.
허걱!
오마나!
4도 12분 6초.
가만히 따져보니 이 혜성의 경로는 아리스토텔레스와 프톨레마이오스가 말하는 원운동과는 거리가 멀었다. 고로,
프톨레마이오스를 손 좀 봐야겠다!
어디까지나 이론이니까 걱정 마셈!
과학처럼 수학도 1500년대에 장족의 발전을 했지만 타르탈리아처럼 수학의 발전을 늦춘 학자도 있었다. 1535년 타르탈리아는 3차 방정식을 푸는 법을 알아냈지만 아무한테도 안 알리고, 수학 '결투'에서 자기 실력을 뽐냈다.
카르다노라는 수학자가 찾아와서 아부와 감언이설로 타르탈리아한테서 비밀을 캐냈다.
저만 알고 있을게요. 저한테는 알려주시야 선생님의 뛰어난 지성을 제가 존경하지요!
끙!
카르다노는 물론 과학의 발전을 염원했지만 자기 잇속도 차렸다. 자기가 알아낸 몇 가지 사실과 함께 타르탈리아의 해법을 책으로 썼다. 타르탈리아는 펄펄 뛰었다.
과학은 공유해야만 발전하거든요!
난 뭘 먹고 살라고!

(천문학이 아니라 성격 때문에) 워낙 적이 많았기 때문에 티코 브라헤는 1597년에는 덴마크를 떠나지 않을 수 없었다.
브라헤는 보헤미아에 자리를 잡고 같은 망명객이었으며 신교도라서 가톨릭의 탄압을 피해 오스트리아에서 도망 온 천재 수학자 요하네스 케플러에게 일을 맡겼다.
종교 탄압을 피해서 왔다구? 난 순전히 성격이 지랄 같아서 왔다우!
상상이 갑니다.
브라헤는 케플러에게 산더미 같은 숙제를 주었다. 화성의 궤도를 계산하라는 것이었다.
시간이 좀 걸릴 걸세.
케플러는 화성이 움직이면서 속도가 빨라지기도 하고 느려지기도 한다는 사실을 코페르니쿠스가 알았다는 것을 알아냈다. 코페르니쿠스는 작은 원을 덧붙여서 문제를 해결했다.
그런데 브라헤의 정교한 수치를 집어넣어 보니까 코페르니쿠스의 이론이 들어맞지 않았다.
케플러는 몇 달 동안 일일이 손으로 계산을 하면서 죽을 고생을 한 다음에 겨우 해답을 알아냈다.
화성의 궤도는 원을 그리는 것이 아니라 약간 길쭉한 모양이었다. 사실은 완전한 타원형이었다.
그래서 행성은 태양과 가까울 때는 빨라졌고 태양과 멀 때는 느려졌다.
게다가 케플러는 정확한 수학 공식까지 알아냈다. 화성의 궤도는 일정한 시간 동안 일정한 면적을 쓸고 간다는 것이었다.
장하다, 케플러!
잠깐! 이 그림의 타원형은 상당히 과장된 것이다.

케플러는 1609년에 연구 결과를 발표했다. 그뿐이 아니었다. 이것은 그저 이론이 아니라 사실이라고 밝혔다. 지구가 정말로 돈다고 말했다. 행성들은 태양의 둘레를 겹겹이 쌓인 원형이 아니라 명쾌한 수학 법칙을 따르면서 타원형으로 돈다고 주장했다.
프톨레마이오스가 틀렸어요!
신교도라서 저러는 게 아닐까요?
반대를 위한 반대에 신물이 납니다!
브라헤는 케플러의 발견을 못 보고 죽었지만 갈릴레오는 아직 팔팔했다. 당연히 그 망원경으로 보고 싶어했다!
이리 줘봐!
케플러의 책이 나오고 몇 달도 안 지나서 갈릴레오는 밤하늘을 보다가 원반처럼 생긴 목성을 찾아냈고 그 주변을 도는 네 개의 위성도 발견했다.
전부 공처럼 빙글빙글 도네!
그다음 몇 달 동안 갈릴레오는 엄청난 발견을 했다. 금성이 이지러지는 것을 관찰한 것이다.
달하고 똑같네!
코페르니쿠스의 이론으로 그것은 쉽게 설명되었다. 프톨레마이오스 이론으로는 도저히 설명할 수 없는 현상이었다.
지구
끼야호!
금성

사람들은 자꾸만 왜소해지는 듯한
느낌을 받을 수밖에 없었다.
훌쩍, 옛날이
좋았는데…
이렇게 우주관이 달라지니까
사람들이 더 겸허해지고 작은 일을
가지고 죽기 살기로 싸우지 않게
되었다고 생각할지 모르지만
천만의 말씀!
도대체
왜요?
우린 그런 거
안 믿거든!

# 30년 전쟁

1610년
가톨릭 광신도가
성군으로
추앙받던
앙리 4세를
죽였다.

앙리 4세의
데스마스크

어린 후계자 루이 13세는 리슐리외 추기경의 손 안에 있었다. 리슐리외는 프랑스에서는 신교도를 탄압하고 독일에서는 신교도를 부추기는 구태의연한 정책으로 돌아갔다.

1617년 독일의 루터파는 신교가 나온 지 100주년을 맞아서 요란하게 행진을 하면서 가톨릭 진영의 약을 올렸다.

1618년 보헤미아의 루터파 신교도들이
구교도들을 프라하 시청의 창밖으로 내던졌다.
(푹신푹신한 '오물' 위에 떨어져서 다들 목숨은 건졌다.)

이 사건을 도화선으로 30년 전쟁이 시작되었다. 30년 전쟁은 신교도와 구교도가 맞붙은 전쟁 중에서 오랜 기간 가장 끔찍하고 가장 파괴적인 전쟁이었다.

그것은 보헤미아를 다스릴 독일의 군주가 신교도라야 하는가 구교도라야 하는가를 놓고 빚어진 반목에서 시작되었다. 이해관계가 있던 나라들은 저마다 독일로 군대를 보냈다.

독일의 군소 국가들, 오스트리아, 로마 교황청, 스위스, 네덜란드, 프랑스, 심지어는 스웨덴과 덴마크까지 모두 밥그릇을 놓고 끼어들었다. 누구 하나만 고집을 부려도 싸움을 끝낼 방도가 없었다.

소름끼치는 장면은 건너뛴다. 이 전쟁으로 독일 인구의 절반이 굶어죽고 불에 타죽었다.

전쟁이 약간 소강상태로 접어드는가 했더니 이번에는 사방에서 마녀 사냥이 벌어졌다. 마녀로 지목된 수많은 여자가 감옥에 갇히고 교수형이나 화형에 처해졌다. 물론 재판 비슷한 것은 받았다.

괴팍하기로 유명했던 요하네스 케플러의 모친도 옥에 갇혔다. 케플러는 어머니를 변호하기 위해 14개월 동안 천문학 공부를 접었다.

케플러는 어머니를 빼내는 데 성공했지만 수학 문제는 몇 개밖에 더 못 풀고 1630년에 눈을 감았다. 2년 뒤 군인들은 케플러의 무덤을 없애버렸다.

이런저런 문제로 고민이 많던 가톨릭교회는 새로운 과학을 일종의 이단으로 여기기 시작했다.

사실 교회는 그렇지 않아도 갈릴레오 때문에 걱정이 많았다.

천체에 대해서도 색다른 설을 내놓았지만 갈릴레오는 지구에 대해서도 아리스토텔레스와는 전혀 다른 생각을 갖고 있었다.

아리스토텔레스는 무거운 것은 가벼운 것보다 빨리 떨어진다고 말했다. 그렇다면 공 여러 개를 끈으로 묶으면 어떻게 될까? 갈릴레오는 물었다. 이것은 무거운 물체 하나일까, 가벼운 물체 여러 개일까?

또 아리스토텔레스는 움직이는 물체는 미는 힘이 없으면 멎는다고 말했다. 갈릴레오는 공을 굴리다가 다른 점에 주목했다.

1623년 갈릴레오를 아끼고 밀었던 사람이 교황으로 뽑혔다. 우르바누스 8세는 갈릴레오를 저녁 식사에 초대했다.

우르바누스는 갈릴레오에게 코페르니쿠스의 학설은 이론이니까 괜찮지만 '공정하게' 써야 한다고 말했다. 어차피 전능한 신은 별의별 수단을 동원해서 당신이 원하는 대로 이 세상을 만들었을 테지만 인간은 그것이 무엇인지 확실히 알 수 없다는 두루뭉술한 결론을 교황은 원했다.

1632년 갈릴레오는 『두 가지 주된 우주체계에 관한 대화』라는 책에서 태양이 중심에 오는 체계가 사실인 것처럼 그렸다. 그 책에서 갈릴레오는 교황의 말을 자기에게 유리하게 써먹었다.

교황은 모욕감을 느끼고 갈릴레오에게 불호령을 내렸다. 심문관을 보내서 갈릴레오를 체포하고 책에서 한 말을 취소하라고 명령했다. 결국 1633년 갈릴레오는 명령에 따랐다.

종교 단체에서 무엇을 가르치라 시시콜콜히 간섭하는 것을 과학자들이 싫어하는 데는 다 이유가 있다.

갈릴레오는 여생을 집에 갇혀서 보냈다. 교회는 갈릴레오의 책을 판매금지 도서로 묶었다. 그렇지만 갈릴레오를 찾아온 방문객 중에는 유명인이 꽤 있었다.

모두 갈릴레오한테서
영향을 받은
사람들이었다.
프랑스 철학자 르네 데카르트는
통념을 뒤집어엎는 갈릴레오의
탐구심에 끌렸다.
갈릴레오가 교회에 시달리는 것을
보고 데카르트는 네덜란드로
옮겨가서 자유롭게 생각했다.
나는 생각한다, 고로
프랑스에서 벗어난다.
잉글랜드의 토머스 홉스는
갈릴레오를 만나고 돌아와서
모든 것을 처음부터 다시
생각하고 싶은 욕망을 느꼈다.
난 죽었다.
역시 잉글랜드에서 온 존 밀턴은
검열을 증오하게 되었다.
교황은 악마요 악질이니
우리가 악착같이 대들어야 합니다!
또 다른 잉글랜드 사람 로버트
보일은 죽어가는 갈릴레오를 만나고
돌아가면서 어떤 시련이 닥치더라도
과학의 길을 걷기로 다짐했다.
갈릴레오는 1642년에 죽었고
그 이듬해 갈릴레오의 업적을
이어갈 대과학자 아이작 뉴턴이
태어난다.
그리고 지겨운 전쟁도 1643년
일곱 나라가 만나서 평화 회담을
벌였다. 누가 먼저 방에 들어가느냐,
어디에 앉느냐 같은 사소한 문제를
놓고 여섯 달 동안 옥신각신했다.
내가
일등이라니까!
25년을 끈 전쟁인데
뭘 그리 서두르시나.
자그마치 4년이 지나서야 그들은
베스트팔렌 조약(1648년)을 맺었다.
이 조약으로 신교도는 보호를
받았고 프랑스는 배상금을
받았으며 네덜란드는 처음으로
독립을 인정받았다. 결국
신교가 살아남게 된 것이다!
휴… 이제부터는
어느 놈들하고 싸울지
걱정이네.

내가 싫어하는 게 뭔지 압니까? 말이 안 되는 모욕을 싫어합니다! 흥! 우엑! 퉤!
영국과 미국의 역사가들이 프랑스에 퍼붓는 쓰레기 같은 소리를 곧이듣지는 않겠지요! 새삼스러운 얘기는 아니지만…
개구리 다리 요리하고 감자튀김 주세요!
학교에서 졸지 않은 영국인이라면 백년전쟁에서 멍청하고 아무 짝에 쓸모없는 프랑스 기사들과 잉글랜드의 다부진 궁사들이 싸우던 이야기를 열심히 들려줄 겁니다.
하지만 잉글랜드가 그렇게 위대했다면 왜 전쟁을 백년이나 끌었답니까? 그리고 프랑스가 왜 이겼답니까?
이 장에서 내가 읽은 영어 자료들은 하나같이 프랑스를 경제 분야의 규제가 너무 심하고 세제가 후진적이고 엘리트끼리 해먹는 나라로 묘사합니다. 한마디로 구제불능이라는 거지요!
그렇지만 프랑스는 크고 건강하고 예술과 과학이 발달한 나라이고 아등바등하면서 살지 않는 나라입니다. 냠냠! 잘 먹었다!
현실을 직시합시다. 프랑스를 헐뜯는 사람들은 입으로만 떠드는 인생 낙오자들이 아닐까요.
모욕을 하려면 이렇게 말이 되는 모욕을 해야지요!

5
“이치가 그렇잖아!”
휴…
1600년 무렵이 되면 스페인이
눈에 띄게 약해지고 대서양에서는
유럽 열강들이 각축을 벌였다.

# 캐나다

벌써 1562년에 수백 명의 프랑스
신교도들이 정체를 드러내고
플로리다에 정착을 하려고 했다.
안 돼!!
스페인은 그들을 모조리 죽였다.
프랑스인이라서가 아니라 이단이기 때문이었다.
아무짝에도 쓸모가 없거든요. 가톨릭교도라면 배 젓는 노예로 부려먹기라도 하지!
그래서 프랑스는 1605년에 이번에는 훨씬
북쪽으로 올라갔다. 캐나다였다.
멋지네!
여름은 특히 좋죠.
부르르
부르르
부르르
앙리 4세가 왕으로 있었을 때니까 가톨릭교도와 위그노교도가
같이 배를 탔지만 신부와 목사끼리는 내내 싸움을 벌였다.
어떨 때는 주먹다짐까지 했다!
도착하고 나서 신부와 목사가 공교롭게도 한날에 죽었다.
죽어서도 티격태격하지 않을지 궁금해서 사람들은
두 사람을 한곳에 묻었다. (잠잠했다.)
죽으면 저렇게 나란히 사이좋게 누워 있는데 우리도 더 이상 싸우지 말아야겠죠?
그렇지만 캐나다는 얼마 안 가서
신교도를 억눌렀다.
밤낮없이 논쟁만 하면서 허송세월하는 것보다는 정신 건강에 좋거든요.
무슨 소리!

이민단은 세인트로렌스 강을 따라서 자리를 잡았다. 강 양편으로 숲지대에는 휴런족, 미크맥족, 아베나키족 같은 원주민이 살았는데 프랑스인은 그들과 사귀려고 노력했다.
봉주르! 우리 가진 거 많아요. 음… 마음에 들 거예요!
워낙 추운 곳이라서 신앙심이 깊은 신부와 수녀는 자원을 했어도 농부와 상인은 많지 않았다.
저 사람들이 거룩한 소리를 하는 거래.
맞아, 다들 열심히 듣는다더라.
자기들끼리만 빼놓고는…
신부는 대부분 예수회 소속이었는데 그중에는 부르지도 않았는데 인디언 속에 들어가서 사는 사람도 있었다.
알다가도 모르겠네. 다람쥐 고기 한 접시 준 게 엊그제 같은데 벌써 9년이라는 세월이 흘렀어.
선교사들은 입에 침이 마르도록 열심히 설교를 했지만 신통한 반응이 없었다.
너무 열변을 토하니까 오히려 무서워요!
모피나 하나 줘서 보내자구요!
캐나다 말고도 예수회 신부들은 인도, 아프리카, 일본, 중국, 남미에도 갔다.
베이징에서 유교 경전을 처음 라틴어로 번역한 예수회 학자 마테오 리치.
예수회는 남미에서는 눈부신 성과를 올렸다. 노예상에게 팔려가지 않도록 예수회 신부들은 파라과이 원주민을 무장시키고 훈련까지 시켰다. 원주민은 신앙심이 깊어졌고 농사를 잘 짓는 법도 배웠다.
억! 배신자!
그래서 예수회가 주도한 공산주의에 가까운 파라과이 예수회 정착지는 1700년대까지 한 세기 이상 지속되었다(영화 〈미션〉에도 나온다).
영혼을 구제하려면 꼭 목숨까지도 살려야 하는 거요?

캐나다에서 한몫 챙기려고 프랑스인은 희귀한 자원을 찾아 헤맸지만 헛수고였다. 금도 은도 찾지 못했다. 오직 비버뿐이었다.
그런데 프랑스의 모자 상인이 비버 가죽으로 멋진 방수 모자를 만드는 데 성공했다.
끝내주네! 따뜻하고! 젖지도 않고!
짱이다!
비버만 갖다주면 프랑스인이 도끼, 담요, 주전자를 준다는 소문이 삽시간에 캐나다 전역으로 퍼졌다.
댁들의 탐욕스러운 상품 경제를 먹여 살리기 위해서 저더러 죽어라고 자원을 고갈시키라 이 말씀이죠?
누이 좋고 매부 좋고!
봄이 되면 비버를 가득 실은 카누가 몬트리올로 모여들었다. 얼마 안 가서 한 해에 1만 5000장의 비버 가죽이 프랑스로 실려갔다.
동부에서는 비버가 점점 씨가 말랐다. 휴런족과 이웃 부족들은 내륙 지방의 원주민한테서 비버를 샀다. 프랑스 사람이 가기도 전에 프랑스 물건이 오하이오, 미시건, 미네소타까지 흘러들어갔다.
비버가 쌓는 댐으로 진펄이 생기고 물이 모이는데 (모기의 서식지도 되지만) 비버가 사라지니까 캐나다 북동부가 건조해졌을 가능성이 있지만 아직은 확인되지 않은 가설이다.
정말 먹고살기 힘들더라구요!

프랑스 국왕은 비버 가죽 거래의 독점권을 한 회사에게만 주었다. 다른 사람은 모피를 살 수도 보낼 수도 없었다.
나 같은 불쌍한 총독은 월급이나 받아먹고 살란 소리지요. 독점권을 가진 귀족들은 비버로 떼돈을 벌고, 흑흑…
하지만 왕은 이역만리에 있었다. 젊은이가 눈신을 신고 숲으로 걸어 들어가서 덫으로 비버를 잡는 것을 무슨 수로 막겠는가?
돌아와! 멈춰! 안 그러면… 안 그러면…
식민지 관리도 약간의 부수입을 올릴 수 있는데 굳이 왜 막겠는가?
안 그러면 나한테 왕창 바치든가.
총독도 개인적으로 밀렵꾼한테서 가죽을 공급받곤 했다.
어서들 오시게! 오늘은 몇 마리나 되는고?
공식 독점업자이든 겁 없는 밀렵꾼이든 그 바닥에서 먹고사는 사람들이 원한 것은 단 한 가지.
경쟁은 싫어!
그래서 캐나다에 먼저 자리를 잡은 사람들은 탐험을 결사반대했다. 비버를 잡으러 상류로 올라가는 것은 금지되었다!
미시시피 강을 뒤져서 비버를 따뜻한 항구를 통해서 수출하는 건 어떨까?
노!
노!
노!
개척 정신이 약해서 캐나다는 개발도 더뎠다.
그게 우리한테는 더 좋거든요!
하지만…

선장으로 캐나다에 온 프랑스인 사뮈엘 드 샹플랭은 휴런족과 앙숙이었던 이로쿼이족을 공격하자면서 휴런족의 호감을 샀다.
본인은 제2의 코르테스를 꿈꾸는 사람이올시다!
우린 그런 사람 모르거든요!
다섯 종족의 동맹인 이로쿼이족은 지금의 뉴욕 주에 해당하는 지역을 차지했는데 휴런족보다 요새도 튼튼했고 싸움도 잘했다.
왠지 불길한 예감이 드네.
하느님이 도와주실 테니 걱정 마셈!
샹플랭은 일부 휴런족을 설득해서 같이 공격에 나섰다. 프랑스 군대의 총격에 이로쿼이족은 달아났다.
아, 자꾸만 수렁으로 끌려들어가는 기분이네.
저 천둥 같은 소리가 뭐지?
한번 자세히 알아봐야겠다.
하지만 몇 년도 안 가서 이로쿼이족은 포트오렌지에서 총을 살 수 있었다. 네덜란드는 1624년부터 맨해튼 섬에다 뉴암스테르담이라는 식민지를 개척했는데 포트오렌지는 허드슨 강 상류에 있던 네덜란드의 전진 기지였다.
프랑스인과는 달리 네덜란드인은 장사를 하면서 경쟁하기를 좋아했다.
신교도의 개성이지요!
하느님은 날카로운 사람을 좋아하거든요!
누구는 개성이 없나 뭐!
네덜란드 상인은 서로 경쟁하면서 고객에게 더 좋은 물건을 더 싸게 팔았다. 주전자와 손도끼는 물론이거니와 총, 총알, 화약까지 팔았다.
변두리 우체국
무기 세일
창고 정리
무조건 싸게 팔아요!
고객은 왕이다
50%
저런 무기를 갖고도 서로 죽이지 않고 용케 버티니 참 별일일세!
대량 살상 무기
초저가

이제 이로쿼이족은 반격에 나서 기습 공격을 벌였다. 휴런족과 프랑스인은 기겁을 했다.
코르테스라는 사람, 달리기를 잘했나 보죠?
판단력이 뛰어났다고나 할까요.
휴런족은 제발 무기를 팔라고 사정했지만 프랑스는 그리스도교를 믿어야만 무기를 넘겼다.
제바아아아알요!
기도하는 자세가 마음에 들어서 특별히 팔겠다!
1651년 천연두가 번져서 휴런족이 떼죽음을 당했고 예수회 신부들은 시체에다 몰래 세례를 주었다.
좋겠다! 총을 가질 수 있어서.
이로쿼이족은 총공세에 나섰다.
1660년이 되면 휴런족은 서쪽으로 달아난 일파와 그리스도교로 개종하여 몬트리올 부근에 자리를 잡은 세력을 제외하고는 전멸했다.
이제 우리에게 남은 선택은
이로쿼이족하고 잘 지내는 것뿐!
프랑스 국왕은 몬트리올의 대부분을 가톨릭교회에 팔았다. 교회는 건물을 짓기 시작했다.
가만, 누가 누구한테 뭘 팔았다구?
왕이 교회에다 돈 받고 팔았다구. 그래서 천당에 갈 거라구.
뭘 받아? 어디에 가?
한 프랑스 귀부인이 병원을 지으라고 돈을 기부했다. 간호사도 뽑고 인부도 뽑았다. 웅장한 건물이 들어섰다.
그렇지만 단 하나 없는 것이 있었다. 환자가 없었다.
너무 썰렁해서 멀쩡한 사람도 여기 오면 병나겠네!

# 신교도 대 신교도

한편
잉글랜드도 한가롭게
세월만 보내지는
않았다.

1585년 플로리다 북쪽 해안에 한 무리의 잉글랜드인이 도착해서 그곳을 버지니아라고 불렀다. 엘리자베스 여왕이 처녀라서 붙인 이름이었다.

그런데 스페인과 싸움도 붙었고 이런저런 이유로 정착민이 2년 만에 몰살당했다.

1603년 엘리자베스가 죽고 나서 왕위에 오른 스코틀랜드 출신의 제임스 스튜어트는 1605년 국왕과 상원, 하원을 모두 날려버리려고 했던 가톨릭 테러분자들을 소탕한 다음 본격적으로 식민지 확장에 나섰다.

모험가들은 새로운 버지니아 식민지를 밀어주는 투자회사도 새로 만들었다(그 당시에 모험은 곧 투자였다. 그리고 투자가들은 보통 본국에 남아 있었다). 원정대는 1607년에 떠났다.

신사, 늙은 여자, 전과자로 이루어진 식민단은 지난번보다 성적이 양호했다. 80퍼센트밖에 죽지 않았다.

비버로 돈을 벌리라고는 꿈에도 몰랐지만 버지니아 식민단은 비버보다 더 돈과는 거리가 멀어 보였던 것에서 가능성을 찾았다. 담배라는 마약을 찾아낸 것이다.

칼뱅주의 쪽에서도 아주 극단적이었던 이른바 청교도는 황금, 향, 공단이 예배당을 다시 장식하는 것을 보면서 격분했다.

1620년 그들은 잉글랜드로 돌아왔지만 얼마를 못 버티고 이번에는 메이플라워호라는 배를 타고 매사추세츠로 가서 플리머스 식민지를 세웠다.

그렇지만
전혀 다르게
살고 싶어하는
사람도 있었다.
인생에는 정답이 없는 걸까요?
1624년 제임스 왕이 죽고 아들이 찰스 1세로 왕위에 올랐다.
찰스 1세는 허례허식과 권력, 특권을 좋아했다. 유일하게 싫어한 것은 의회였다.
내 신조는 위는 모시고 아래는 갈구자거든.
그런데 내 위엔 아무도 없어요!
성은이 망극하옵니다!!
잉글랜드의 지주 세력을 대변하는 의회는 청교도를 비롯하여 논쟁으로 날을 지새우는 사람으로 바글거렸다.
생각이 다르다고 멀쩡한 사람을 죄인 취급하더니
그것도 모자라서 이제는 아예 바보로 몰아가는군요.
1626년 찰스는 의회를 닫아 의원들을 모두 집으로 돌려보내고 권력을 독차지했다.
니들은 위아래도 없냐???!!
청교도 설교자들이 국왕을 비난하자 찰스는 예배를 못 하게 만들었고 신자들은 들고 일어났다.
많은 청교도가 나라를 뜨기로 마음먹었다.
그들은 매사추세츠만 회사라는 투자회사를 만들더니 1630년 1천 명의 식민단(모두가 청교도는 아니었지만)이 아메리카로 떠났다.

그들은 쇼멋이라는 곳에 닿았는데 이름을 보스턴으로 바꾸고 그곳을 성자들의 땅이라고 선포하기 무섭게 청교도들이 늘 하던 대로 입씨름을 벌였다.
윈드롭 형제, 애정을 담고 말하는 것이니 고깝게 듣지 마시오. 당신의 강론에서는 왠지 썩은 냄새가 나오!
더들리 형제, 자꾸만 분란을 일삼으면 사랑의 감방에 처넣는 수가 있소.
불만을 품은 세력은 상류로 올라가 '뉴타운'을 세웠다. 나중에는 이름이 케임브리지로 바뀌었다. 그리고 또 다른 뉴타운이 들어섰다.
이름 하나도 합의를 못 하니…
한편으로 그것은 세력을 확장하는 묘방이기도 했다. 불만분자들은 계속 떨어져나가면서 코네티컷을 세우고 로드아일랜드를 세웠다.
저런 녀석이 성자면 난 하느님이다!
근데 성자가 뭐예요?
우리 주변에서는 쉽게 볼 수 없는 거거든요.
다른 식민단처럼 잉글랜드인도 원주민들을 이간질시켰다.
철천지원수 왐파노아그족과 싸우는 데 우리가 여러분의 힘이 되어드리겠습니다, 어제도 오늘도 내일도 서쪽에서 변함없이 떠오를 해처럼. 저, 해가 서쪽에서 뜨는 거 맞죠?
해가 동쪽에서 뜨려나, 오늘따라 왜 저렇게 똑똑하대.
한편 인디언은 이주민과 전쟁과 질병으로 하루가 다르게 바뀌는 풍토에서 잉글랜드인, 프랑스인, 네덜란드인 중에서 선택을 해야 했다.
실은 왐파노아그족은 전염병에다 막강한 피쿼트족의 공격에 시달리기 때문에 우리가 무서운 건 왐파노아그족이 아니라 피쿼트족이거든요. 그리고 사실 왐파노아그족은 댁들이 싫어하는 네덜란드인을 싫어하잖아요. 이로쿼이족은 또 어떻게 되는 거죠?
선택을 제대로 못하면 결과는 치명적이었다. 코네티컷의 피쿼트족은 네덜란드 편을 들었다가 잉글랜드인에게 몰살당했다.
'성자'는 성 나면 무서운 사람이구나.

찰스 1세가 자멸의 길을
스스로 재촉하던
잉글랜드로 돌아가보자.
찰스 1세가 어설프게 전쟁을 벌이는 바람에 1640년 국고는 바닥나 있었다. 의회만이 금고를 채울 수 있었다. 왕은 의회를 소집했다가 반응이 신통치 않자 집으로 보냈다가 다시 불러들였다.
한 가지만 묻겠습니다. 지난 15년 동안 가장 잘못한 일이 무엇이라고 생각하십니까?
너무 야박하게 굴지 맙시다.
왕은 한껏 몸을 낮추어 자기가 거느리는 아일랜드군, 그러니까 아일랜드 가톨릭 군대에 봉급을 지불하게 돈을 달라고 요청했지만, 아니, 애걸했지만, 의회는 단호하게 거절했다.
의회는 따로 군대를 만들었다. 청교도와 급진파가 많이 들어갔다.
왕한테서 양보를 얻어내려면 힘으로 밀어붙여야 합니다.
왕은 런던에서 도망갔다.
양보하면 약해 보이거든요. 도망도 힘이 있을 때 쳐야 돼요!
왕은 봉급은 제대로 못 주었지만 군대를 불러모았다. 이렇게 해서 3년 동안 '기사'처럼 차려입은 왕당파와 '박박머리' 청교도 의회군이 내전을 벌였다.
왕은 1646년 무기력하게 포로가 되었지만 의회는 왕을 왕으로서 예우해주었다.
투덜 투덜 투덜

그렇지만 올리버 크롬웰 사령관의 지휘 아래 엄격한 훈련을 받았고 혁명군답게 붉은 제복으로 통일한 청교도 군대는 왕을 우습게 보았다.
웃기고 자빠졌다! 왕이 무슨 통뼈더냐! 전하 폐하 좋아한다! 닭살 돋네, 닭살 돋아!
군가 한번 맘에 든다.
과격한 사람들은 군기가 잘 잡힌 이 '모범군'에 들어갔다. 그들은 군주제 타도나 빈민 투표권 부여 같은 위험한 발상에 젖어 있었다.
못 사는 사람은 거들떠도 안 보는 정부를 위해서 왜 우리가 싸운단 말인가?
버릇 때문일까?
크롬웰은 그런 발상을 억누르기는커녕 공론화했다.
여러분은 하느님의 부르심을 받은 사람을 따라야 합니다. 나도 괜찮고…
그러죠.
하긴.
좋으실 대로.
청교도 군대는 왕에 대한 적개심으로 똘똘 뭉쳤다. 한 부대가 런던으로 쳐들어가서 의회가 지키던 왕을 납치했다.
그리고 왕한테 너무 약한 모습을 보였던 의원들은 잡아들이거나 쫓아버렸다.
남은 의회, 곧 쭉정이 의회는 왕을 반역 재판에 넘겼고 찰스는 목이 날아갔다.
이의 없죠?

# 인생은 투쟁

군대가 정치 이야기로 들끓는 동안 한 재야 학자는 『리바이어던』이라는 정치이론서를 쓰고 있었다.
1588년에 태어난 토머스 홉스는 파리로 망명한 잉글랜드 귀족 자녀를 가르치면서 살았다. 그리고 틈틈이 사색을 했다(1636년에는 갈릴레오도 만났다).
갈릴레오는 무엇보다도 낡은 생각을 집어던지라는 교훈을 홉스에게 남겼다. 『리바이어던』 첫 페이지에서도 벌써 갈릴레오의 영향이 느껴진다.
"물체가 일단 운동에 들어가면 다른 것이 막지 않는 한 영원히 움직인다. … 바다에서도 볼 수 있지만 바람이 그치고 난 다음에도 파도는 넘실거리는 움직임을 오랫동안 멈추지 않는다."
마키아벨리처럼 홉스도 종교, 명예, 도덕 같은 낡고 진부한 껍데기는 벗어던진다. 홉스가 보기에 결국 모든 것은 권력의 문제다. 사회가 나타나기 전 자연 상태에서는 사람들이 서로에게 어떤 권력을 갖고 있었는가라고 홉스는 묻는다.
보나마나 뻔하지요!
홉스를 비롯하여 이성을 믿은 여러 사상가에게 영향을 준 사상가는 르네 데카르트였다. 네덜란드에서 망명 생활을 하던 이 프랑스 철학자는 아침에 침대에서 사색을 하는 것이 취미였다.
갈릴레오가 낡은 생각을 벗어던지는 것을 보면서 데카르트는 이것을 자기의 방법론으로 삼았다. 모든 고정관념을 거부하고 오직 이성만으로 진리에 도달하자는 것이었다.
이 모든 것을 거부하면 나는 도대체 어디서 출발해야 하나? 데카르트는 생각하는 자신을 지켜보면서 "나는 생각한다, 고로 존재한다"는 결론을 내렸다. 데카르트는 그렇게 해서 유명해졌다.
혹시 내 말에 감동 먹고 철학과에 지망하러 가는 거요?
졸려서 자러 가는데요.

'자연 상태'라고 하면 어떤 것이 떠올랐을까? 홉스는 아메리카 원주민이 그렇게 살았다고 (잘못) 생각한 것일까? 아니면 식민지 개척자들이 통제력을 잃으면 돼지처럼 군다고 생각한 것일까?

홉스는 자연 상태는 만인이 만인을 상대로 전쟁을 벌이는 상태라고 보았다. 모든 사람이 모든 사람으로부터 자신을 지켜야 했다.

자연 상태에서 사람은 누구나 똑같은 권력을 누린다고 홉스는 보았다. 약자도 머리를 써서 강자를 덮칠 수 있다. 도둑질과 무기는 사람을 평등하게 만든다는 것이다.

자연 상태에서 사람이 안전하게 지낼 수 있는 유일한 길은 남들과 합의 내지는 계약을 맺고 어느 누구보다도 강한 힘을 가진 정부에게 권력의 일부를 넘기는 것이라고 홉스는 말한다.

잉글랜드 내전을 틀림없이 염두에 두고 한 말이겠지만 홉스는 강력한 군주만이 인민의 격정을 누를 수 있다고 말했다. 그것이 바로 리바이어던, 곧 정부라는 괴물이었다.

홉스에게는 적잖은 흠이 있었는데 그것은 가족이라는 사회적 연결망과 여자를 '망각'했다는 것이다. 그렇지만 프랑스의 왕당파는 또 생각이 달랐다. 그들은 홉스가 신을 망각했다고 보았다! 왕에게 통치권을 주는 것은 인민이 아니라 신이었다! 1651년 홉스는 신변의 위협을 느끼고 프랑스를 떴다.

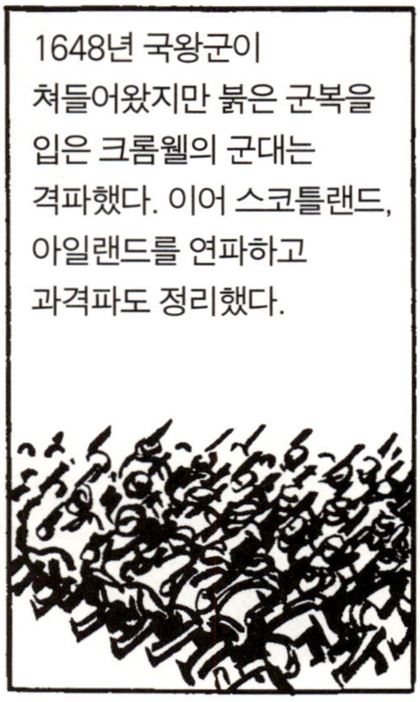


1651년 잉글랜드, 스코틀랜드, 아일랜드는 '청교도 연방'으로 합쳐졌고 크롬웰은 호국경 자리에 올랐다.
홉스는 군주제를 옹호한 것을 사과하고 다시는 그런 짓을 안 하겠다고 다짐했다!

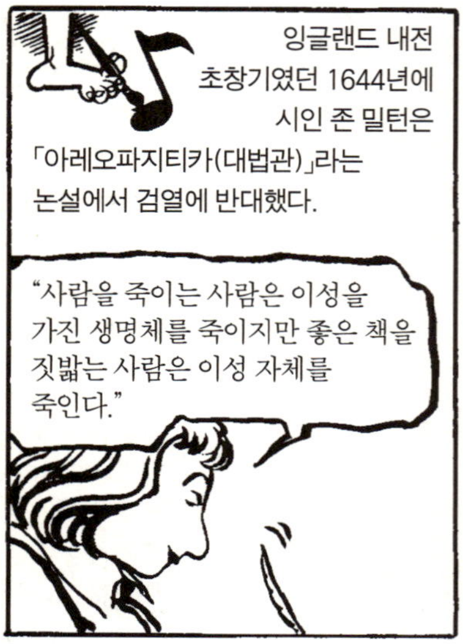


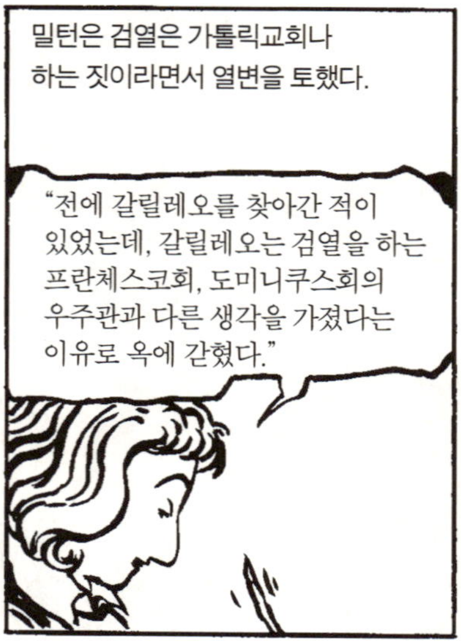


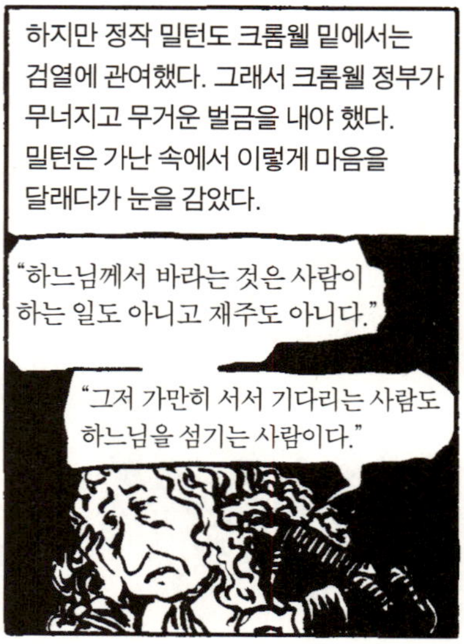

의회는 그래도 1653년까지는 열렸지만 크롬웰은 의회도 가만두지 않았다.
그래도 난 찰스 1세만큼 악질은 아니라구! 아니라구! 아니라구!
크롬웰은 1658년 죽을 때까지 독재자로 일관했다.
크롬웰의 아들 리처드가 권력을 물려받았지만 '비실이'라는 별명으로 불릴 만큼 사람들한테서 무시를 당했다.
그래도 나라를 다스리는 것보다는 이게 속편하다오!
의회는 스스로 잉글랜드를 다스리려고 했지만 몇 달도 못 가서 왕을 다시 앉히기로 마음먹었다.
머리까지 자르는 건 아니었는데…
우리가 머릿속에 든 게 있어야 말이지.
결국 1660년 찰스 2세가 프랑스에서 돌아왔다.
찰스 2세는 아버지를 죽인 사람들에게 보복을 하지 않았다. 청교도도 그대로 두었다. 서글서글하고 둥글둥글한 지도자 밑에서 잉글랜드는 정상을 되찾았다.
제가 좋아하는 건 큰 모자, 앙증맞은 강아지, 장발, 코미디, 춤, 유머 같은 겁니다. 서민은 좀 우습게 보지요, 허허!

# 타산적으로 삽시다!

잉글랜드에는 옥스퍼드와 케임브리지라는 유서 깊은 명문 대학이 있었다. 1600년대에는 하도 세상이 어지러워서 학자들은 종교적 이유로 채용되고 해고되기 일쑤였다.
꺼져!
내년이면 또 뽑을 거면서!
1645년경 이런 풍토에 불만을 품은 과학자들이 보이지 않는 대학이라는 모임을 만들었다.
일주일에 한 번씩 만나는 이 모임의 철칙은 종교나 정치 이야기는 절대로 하지 않는다는 것이었다.
자유로운 탐구 정신을 옥죄는 광신적 열정을 부추기는 말은 사양합니다.
원의 면적을 구할 수 있다니까!
없다니까!
모임을 이끈 과학자들은 프랑스에서 돌아온 찰스 2세에게 지원을 요청하여 호의적 반응을 얻었고 이름을 왕립학회로 바꾸었다. 이 단체는 그 뒤로 3세기 동안 유럽 과학을 주도했다.
자유롭고 끈질긴 탐구는 어느 왕국에나 득이 되리니…
있어
없어
왕립학회의 쟁쟁한 과학자들을 잠깐 소개하면, 밤잠도 안 자고 수학에 몰두했던 존 월리스는 56자리 숫자의 제곱근을 암산하면서 날밤을 새웠다. 월리스는 홉스와 수학을 놓고서 서로 비방을 하느라 정력을 낭비했다.
"요상한 기호만 닭똥처럼 여기저기 갈겨놓은 책."
—홉스가 월리스의 수학책에 대해서
귀족 로버트 보일은 공기 펌프로 실험을 하다가 기체의 탄성을 알아냈다. 보일은 물질은 작은 입자로 되어 있고 그 사이는 텅 비어 있다고 믿었다. 과학자들은 펄쩍 뛰었다.
자연은 진공을 싫어한다니까! 같이 안 놀아!
괴팍하고 두통에 자주 시달렸던 로버트 후크는 왕립학회의 실험기구를 관리했다. 기발한 아이디어는 많았지만 제대로 마무리 지은 것은 드물었다. 그리고 막상 남들이 결과를 내놓으면 툴툴거렸다.
만유인력? 그것도 내가 생각한 거요!

1666년 잉글랜드에 전염병이 돌자 시골에 별장이 있는 사람은 그곳으로 피신했다. 스물세 살의 케임브리지 수학자 아이작 뉴턴도 1667년까지 시골 별장에서 지냈다.
!
2년 동안 칩거하면서 뉴턴은 과학과 수학에 새바람을 일으켰다.
뉴턴은 물리학의 기본을 수학 법칙으로 정리하고, 정교한 실험으로 빛을 분석하고, 미적분을 창안하고, 미적분의 기본 공식을 발견했다. 그리고 이렇게 알아낸 결과를 몇 년 동안 책상 서랍에 넣고 묵혀두었다.

시대를 너무 앞서간 내용이었다. 『자연철학의 수학적 원리』라는 대작에서 뉴턴은 갈릴레오와 케플러가 본 모든 것을 조리정연하게 설명했다. 왕립학회는 뉴턴을 천재로 받들었다.
우주는 뉴턴의 방정식으로 돌아간다구요!

괴팍한 천재였던 뉴턴은 왕립학회를 이끌면서 국내외의 과학자들과 자주 다투었다.
후크는 나의 천재성을 무시하고, 라이프니츠는 미적분을 도둑질했고, 로크는 후크하고 너무 친해서 탈이고… 기타 등등.
천재면 다 저러는 건가?

지극히 타산적이었다! 네덜란드는 잉글랜드가 부러워 마지않던 해상 제국이었던 것이다. 사실 두 나라는 이미 한두 번 싸운 적이 있었다. 잉글랜드는 1664년 네덜란드로부터 맨해튼을 빼앗아서 이름을 뉴욕으로 바꾸었다.

한편 포트오렌지도 잉글랜드 손에 넘어가 이름도 올버니로 바뀌었다.
네덜란드 상인들은 여전히 이로쿼이족에게 총을 팔았다. 잉글랜드는 곤혹스러웠다.

그 당시 유럽에서 가장 돈을 펑펑 쓰던 나라는 프랑스였다. 1648년 네 살의 나이로 왕위에 오른 루이 14세는 도로, 군함, 육군, 해군, 궁전, 의상, 가발, 분, 향수에다 돈을 쏟아부었다.
심지어 캐나다에까지!
앞서 보았지만 캐나다에서 세력을 확대하려던 계획은 모피상의 반발로 지지부진했다.
서두르지 마시라니까 그러네! 당신들이 들어가면 우린 뭘 먹고 살라고!
하지만 루이의 병사들은 기득권자들의 벽을 악착같이 뚫고 들어가서 나이아가라, 디트로이트, 수세인트마리에다 요새를 지었다.
프랑스 백성이 프랑스 군대의 손에 죽다니 이런 원통한 노릇이 어디 있단 말입니까, 폐하!
누구보다도 모험심이 강했던 르네-로베르 카블리에(일명 라살 공)는 카누를 타고 미시시피 강을 따라 멕시코 만까지 내려갔다.
뿌드득
뿌드득
뿌드득
빨리 돌아가자. 우리가 모피를 독차지할까봐, 시기하는 자들이 무슨 헛소문을 퍼뜨렸을지 모르거든.
라살은 처음에는 약간 괴짜라는 소리를 들을 정도였지만 수많은 적을 상대하다 보니 나중에는 피해망상에 시달렸다. 미시시피 강 하구에 요새를 지으러 떠난 2차 원정은 악전고투의 연속이었고, 결국 반란이 일어나 라살은 피살당했다.
무덤을 파헤치는 놈이 나타날까봐 눈을 못 감겠네요.

프랑스가
밀고 들어오자
잉글랜드도
이로쿼이도
심기가
불편했다.

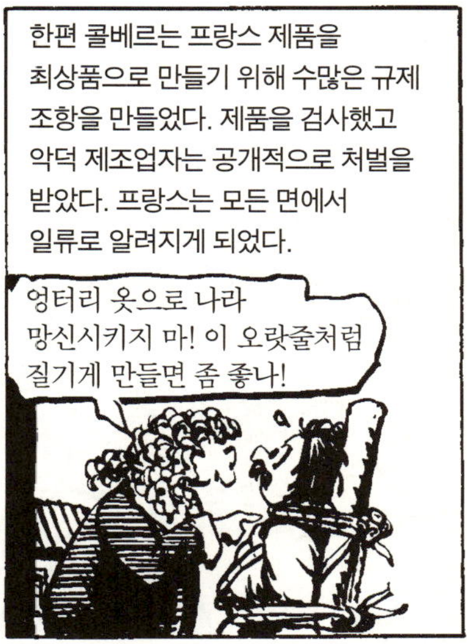

루이 14세의 눈에 들어온 세상은 환상적이었다. 도로, 정원, 베르사유에 들어설 으리으리한 궁전, 그리고 얼굴에 잔뜩 찍어 바르고 뿌리고 그곳을 가득 메울 귀족들. 비록 세금은 한 푼도 안 내지만.
세금 내면 이렇게 못 하고 다니죠!
잉글랜드에서도 희소식이 들렸다. 찰스 2세는 앓아누웠지만 왕위를 이어받을 동생 요크 공 제임스가 몰래 가톨릭으로 개종했다는 보고가 들어온 것이다!
꿈이냐 생시냐!
희망에 부푼 루이는 앙리 4세가 90년 전에 신교도 위그노파를 보호하기 위해 만든 칙령을 취소했다.
이제는 잉글랜드 눈치를 안 봐도 되거든요!
20만 명의 위그노교도는 루이의 기대와는 달리 가톨릭으로 개종하지 않고 프랑스를 등졌다.
한편 잉글랜드에서는 왕이 가톨릭 신자라는 것은 말도 안 된다면서 흥분하는 의원들이 있었다.
#$%&!
내 눈에 흙이 들어가기 전엔 그렇게 못 해!
휘그라는 이름으로 일컬어진 이 의원들의 지도자는 샤프츠버리 백작이었고 백작의 정치적 조언자는 존 로크라는 의사였다.
휘그라는 이름이 좀 거시기하네. 휘청거릴 휘에다 그럭저럭 그 같아서 좀 쪽팔리구만…
휘날릴 휘에 그지없을 그라고 생각하시죠!

샤프츠버리는 반역자로 몰려 네덜란드로 피신했다. 로크와 휘그파 의원 여럿도 뒤를 따랐다.
휘청거리더니만 그럭저럭 버티네.
1685년 찰스 2세가 죽고 가톨릭 신앙을 가진 동생이 제임스 2세로 즉위하자 반란이 일어났다.
안 돼!!
반란은 실패했고 제임스는 왕위를 유지했지만 불안했다.
부글 부글 구시렁 구시렁
샤프츠버리는 네덜란드에서 죽었지만 로크와 몇 사람은 네덜란드의 스타드호우데르였던 오라녜의 윌리엄(빌렘 3세)에게 접근해서 잉글랜드로 쳐들어가라고 부추겼다. 빌렘 3세는 신교도에다 돈이 많았고 제임스 2세의 사위였다.
쉿! 잉글랜드 왕 한번 돼보시려오?
1688년 빌렘은 2만 명의 군사를 거느리고 잉글랜드에 도착했다. 제임스 2세는 제대로 싸움도 못 해보고 줄행랑을 쳤다.
잉글랜드는 새로운 왕과 왕비를 받아들였다. 빌렘 3세와 메리는 네덜란드 식으로 나라를 다스리는 요령을 알았다.
우리나라의 유서 깊은 권리와 관습에 따라 특정한 형식을 준수해야 하고, 특정한 발언을 해야 하고, 특정한 사람들에게 조언을 구해야 하고, 특정한 권리를 존중해야 하고… 어쩌구저쩌구 기타 등등.
그럼 그럼, 당연하지.
존 로크는 휘그의 관점에서 모든 것을 일목요연하게 정리한 논설을 두 편 썼다.

# 로크의 처방

로크는 우리가 어떻게 무엇을 아느냐고 묻는다. 우리는 감각을 통해서 안다고 로크는 대답한다. 감각은 우리 마음에 인상을 남긴다. 태어났을 때 우리는 아무것도 모른다. 우리의 마음은 백지다. 눈과 귀를 통해서 들어온 것이 그 위에 쓰인다.

지식이 쌓이면 마음은 이것을 범주, 개념, 추상으로 분류한다.

종교의 차이를 받아들이는 것 말고 정부는 또 무슨 일을 해야 할까? 여기에 답하기 위해 로크는 홉스를 따라 아득히 먼 옛날로 돌아간다.
우리 한번 동심으로 돌아가보자구요!
로크가 생각한 자연 상태는 홉스보다는 덜 각박했다. '자연'인은 늘 죽이기만 하는 것이 아니라 때로는 그냥 훔치고 망신을 주고 입씨름하는 것으로 만족한다!
만인이 만인을 상대로 발끈한다고나 할까요!
또 너지?
아니네!
로크는 '자연'인은 자신의 권리와 자유를 정부에 넘겨서 안전을 도모한다는 홉스의 설에 동의한다.
이의 없지? 오늘부터 뒷발로 선다, 실시!
하지만···
질서를 지키기 위해 필요한 수준만큼만 국가에 권리를 양도할 뿐이다. 로크도 홉스처럼 리바이어던이라는 공권력을 요구하지만 사회 질서를 유지할 수 있는 최소한의 정부만 있으면 된다고 본다. 다시 말해서 개인은 자연권을 가지며 정부는 이것을 지켜주어야 한다.
알았죠?
네.
어떤 왕당파는 로크의 자유주의 이념을 이렇게 반박했다. 사회는 가정과 같다. 전권을 가진 아버지가 가정의 중심이듯이 사회에서도 왕이 전권을 휘둘러야 한다.
그러니까 닥치셔!
로크는 이렇게 맞받았다. 아버지가 전권을 휘두른다? 어머니는 허수아비인가? 그리고 부모는 굽실거리기만 하는 졸이 아니라 책임감 있는 어른으로 자식을 키워야 할 사회적 의무가 있는 것 아닌가?
"부모가 아이에게 행사하는 권리는 자기 자식을 돌보아야 하는 의무에서 나온다."
여러 가지 약점이 있었음에도 로크에게 사람들이 호감을 품은 이유는 그런 주장 때문이었다.
얘들아! 아저씨 그만 괴롭혀! 맴매한다! 빨리··· 내 얼굴이 뭐가 되니, 제발···

로크 박사에게 가장 중요한 인간의 천부적 권리는 생명권, 자유권, 재산권이었다. 나의 생활 수단을 훔쳐가는 도둑은 나를 죽이는 것이나 다름없다!

로크에 따르면 재산은 일을 해서 손에 넣은 것이다. 우리는 씨를 뿌려서 거둔 곡식을 갖는다. 광산을 파서 광석을 갖고 기계를 만들어서 소유한다.

모든 경제적 가치는 노동에서 나오며 돈은 경제적 가치를 재는 공동의 잣대다.

## 따라서

정부는 사유재산을 보호하고 존중해야 한다. 도둑은 살인자로 취급해야 마땅하다. 내 뜻을 무시하고 나의 재산을 빼앗는 정부는 도둑이다!

정부는 재산을 소유한 사람들의 집단적 동의를 받아야만 세금을 거둘 수 있다. 곧 의회의 투표를 거쳐야 한다. 대표 없이는 과세도 없다는 원칙이었다.

왠지 낯익은 소리라는 느낌이 든다면 그것은 로크의 생각이 실제로 어느 정도는 현실화되었기 때문이다. 그것은 참으로 합리적으로 보여서 웬만해서는 비판을 하기가 쉽지 않아 보인다.

## 로크의 문제

**1.** 첫번째 원리는 좀 그렇다. 마음은 백지가 아니며 이런저런 회로가 처음부터 단단히 깔려 있다. 감각을 느끼는 것 자체도 현실을 단순히 담아내는 것이 아니라 복잡한 정신 활동이다.

**2.** 로크는 재산이 노동에서 나온다고 말하지만 그것은 연장을 만드는 기술자나 땅에다 농사를 짓는 농부에게나 해당되는 소리다. 품을 파는 사람은 어떻게 되나? 하인은? 도제는? 노예는? 이들이 한 노동의 결실은 누가 소유하는가?

**3.** 모든 경제적 가치가 노동에서 생기는 것이라면 대기, 바다, 강은 아무런 가치가 없다! 마을 사람 누구나 소를 풀어 먹일 수 있었던 잉글랜드의 '미개척' 공유지도 아무 가치가 없었다!

(3. 계속) 로크 시대에는 이런 공유지를 사유지로 만들기 위해서 지주들이 부지런히 울타리를 세우는 것이 유행이었다. 로크의 이론에 따르면 이런 '개량' 행위는 토지의 소유를 정당화한다.

서민에게는 도둑질처럼 보였던 것도 로크와 휘그파에게는 개인이 하는 지극히 정상적인 투자 형태였다.

**4.** 따라서 로크가 이상적으로 생각하는 정부는 사유재산은 보호해도 재산을 가진 사람들의 지나친 욕심으로부터 공익을 지켜내지는 못한다. 학교, 병원, 도로, 복지 같은 공익사업을 벌이지도 않는다.

그렇지만 땅에서 쫓겨나는
농민은 갈수록 늘어났고 공장은
이들을 도시로 불러들였다.
사유재산을 못 누리는 사람들이
점점 늘어났다.

1685년까지도 루이 14세는 기대에 한껏 부풀었지만 결과는 실망스러웠다! 마음이 통했던 제임스 2세는 밀려났고 신교도가 권력을 잡았다. 더 고약한 것은 의회가 잉글랜드를 다스린다는 사실이었다.
허, 장사꾼들이 뭘 안다고…
잉글랜드에서는 이익을 챙기기 위해 너도나도 한자리에 모였지만 프랑스에서는 누구도 감히 모임을 가질 생각을 못 했다.
결과를 책임 못 지거든!
루이 14세는 전쟁을 할 수밖에 없었다.
여러분 같으면 안 그러겠수? 물론 여러분 생각 따위는 궁금하지 않지만서두.
전쟁으로 달라진 건 하나도 없었다. 잉글랜드는 여전히 휘그파 세상이었고 프랑스는 여전히 가톨릭 중심이었고 정부 규제가 강했다. 프랑스와 잉글랜드의 힘겨루기는 해외로도 이어졌다.
잉글랜드는 왜 우리를 못 잡아먹어서 안달일까, 솔직히 너무하는 거 아냐?
루이는 노년에 우환이 겹쳤다. 사랑하던 자식, 손자, 사위가 줄줄이 병으로 쓰러졌다. 1715년 루이가 세상을 뜨자 왕위는 이름이 같았던 증손자에게 돌아갔다. 루이 15세였다.
1600년대 후반 캐나다의 비버 무역이 철퇴를 맞았다. 모피 모자 인기가 시들해진 것이다. 하지만 회사는 규정에 따라 몬트리올로 들어오는 모피를 정해진 가격으로 사들여야 했다!
끙!
매출이 뚝 떨어지자 프랑스 정부는 기발한 착상을 했다. 털모자를 열대 카리브 해에서 팔자는 아이디어였다!
누굴 바보로 아나.
사모님 모자
결국 회사는 재고를 몽땅 태워야 했다. 60만 파운드어치의 비버 가죽이 연기로 날아갔다.

# 50년

1700년대 전반기의 상황은 다음과 같았다.

영국이 한창 잘나갔지만 대부분의 유럽인에게 문화와 유행을 선도하는 나라는 프랑스였다. 러시아 황제 표트르 대제는 귀족들에게 수염을 깎고 프랑스어를 배우라고 명령했다.
중국과 일본은 내부를 추스르기에 바빴다. 물론 중국은 예수회를 여전히 환영했다.
오토만 튀르키예는 1683년 빈 함락에 또다시 실패했다. 튀르키예 깃발에 그려진 초승달 모양으로 구워진 크루아상이라는 빵이 등장한 것도 이 무렵이었다.
영국과 프랑스는 인도에서 경쟁적으로 무역 교두보를 확대하고 현지 자국민을 보호하기 위해 인도인 사병을 거느렸다. 허약한 무굴 제국은 변변한 저항 한번 못 했다.
아프리카로 진출한 잉글랜드와 네덜란드는 현지에 돈이 모자란다는 사실을 알아차렸다. 아프리카인은 감으로 물건을 사고팔았지만 소액의 동전은 없었다.
잔머리 좀 굴려볼까!
어떻게요?
잔돈을 만들어서…
그래서 유럽인은 개오지를 잔돈으로 들여왔다. 개오지는 인도양의 작은 섬에서 나는 조개인데 해마다 다시 자란다.
이런 걸 돈으로 쓴다니 오래 살고 볼 일이야!
인도에서 캐낸 수십억 개의 개오지는 런던과 암스테르담의 창고로 실어갔다. 유럽 상인들은 이것을 필요에 따라 조심스럽게 서아프리카로 유통시켰다. 아프리카에는 지금도 개오지를 돈으로 쓰는 데가 있다!
와! 저 지도는 얼마나 해요?
가격을 몰라서 못 팔겠네요.

# 1754년, 오하이오

18세기 중반 무렵 프랑스는 캐나다 북동부의 케이프브르통 섬에서
저 남쪽 루이지애나까지 광활한 아메리카 땅을 차지했다.
하지만 정착민의 수는 잉글랜드의 겨우 10분의 1이었다.

영국과 프랑스 사이에서 줄타기를
하면서 살아남은 이로쿼이족을 비롯하여
인디언 동맹 부족들은 진로를 놓고 고민했다.

프랑스가 덜 위협적이라고 생각한 인디언들은
버지니아 바로 맞은편의 오하이오 강을 따라서
프랑스가 요새를 짓도록 허락했다.

처음에는 죽도록 고생했지만 버지니아는 이제
대지주도 생겨나서 노예를 죽도록 부려먹었다.

지주들은 산 너머 오하이오 땅에 눈독을 들였다.
개구리나 먹는 프랑스 놈들한테 언제까지 눌려 살 건가?
그러게 말이야!

1754년 스물두 살의 버지니아 민병대 장교
조지 워싱턴이 이 서쪽 땅을
'조사'하러 갔다.

얼마 뒤 프랑스 군대가 총알 세례를 퍼부었다.
반격하라! 최선의 수비는 공격이다!

프랑스 정부는 영국에 항의했지만 영국은 비웃었다.
두 나라는 세계 여러 곳에서 전쟁을 벌였다.
역사는 우리를 기억하리라!
영화 찍나?

영국 국방장관 윌리엄 피트는 적이 어디에 있든, 적이 누구든, 비용이 얼마나 들든 영국의 세력을 넓히기로 굳게 마음먹었다.

그래서 1만 명의 병력을 아메리카로 보냈다.

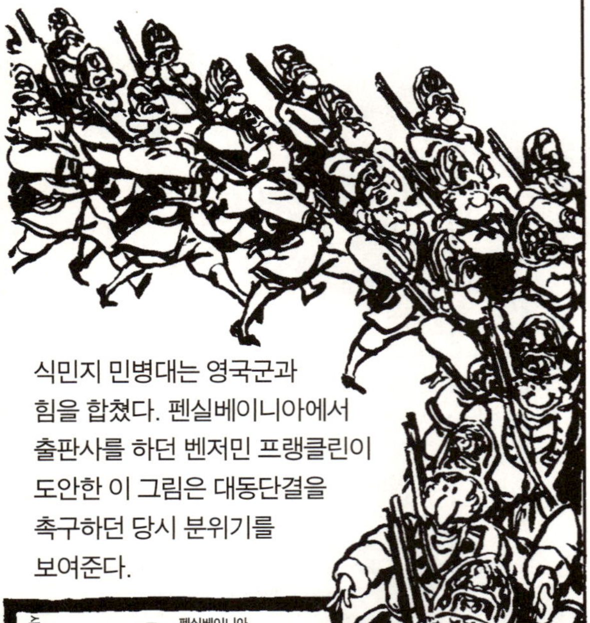

식민지 민병대는 영국군과 힘을 합쳤다. 펜실베이니아에서 출판사를 하던 벤저민 프랭클린이 도안한 이 그림은 대동단결을 촉구하던 당시 분위기를 보여준다.

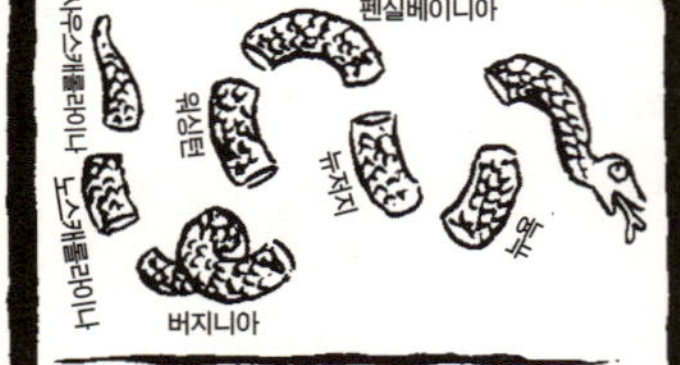


반면 프랑스는 20만 대군을 독일로 보냈다!

프로이센의 프리드리히가 프랑스, 스페인, 러시아와 동맹을 맺은 오스트리아의 영토를 일부 차지하자 세 나라가 뛰어들었다.

프랑스는 캐나다를 잃는 것보다 통일된 독일을 더 두려워한 것이다.

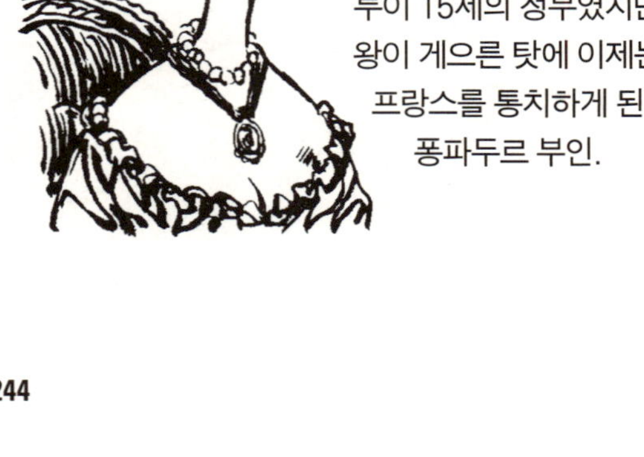


루이 15세의 정부였지만 왕이 게으른 탓에 이제는 프랑스를 통치하게 된 퐁파두르 부인.

프랑스가 유럽에 발목이 묶여 있는 동안 영국군과 식민지 민병대는 아메리카 중북부의 호수 지대와 캐나다를 휩쓸더니 여세를 몰아 퀘벡까지 밀고 올라갔다. 1760년이 되면 프랑스는 루이지애나만 달랑 남게 되고 캐나다에서 쫓겨난 프랑스 주민들은 그리로 몰려들었다.

한편 바다 건너 인도에서도 영국은 프랑스 교역소를 공격했다. 인도인으로 구성된 영국의 '세포이' 용병은 1763년 벵골의 플라시에서 벌어진 전투에서 인도 제후의 군대를 눌렀다.

프랑스는 유럽에서도 타격을 받았다. 프리드리히가 이끄는 프로이센이 끝까지 버텨낸 것이다. 이 전쟁으로 인한 사망자는 80만 명에 이르렀다.

결국 1763년에 가서 프랑스는 모든 것을 잃었다. 프로이센은 강대국이 되었고 영국의 식민지는 두 배로 늘어났다.

# 오잉!

전쟁 결과는 이로쿼이, 마이애미, 일리노이 같은 인디언 부족에게도 충격이었다. 한 세기 만에 처음으로 영국이라는 유럽의 강대국 하나만을 상대해야 했던 것이다.

하지만 결국 영국은 뜻을 못 이루었고 인디언은 땅을 지켰다. 선물도 다시 주었고 아메리카는 평화를 되찾았다.

전쟁은 모든 것을
바꿔놓았다. 프랑스의
위협이 사라진 마당에
식민지는 더 이상 영국을
원하지 않았다!
게다가 인디언 쪽으로
땅을 더 넓혀나가는 데도
영국은 식민지 주민에게는
걸림돌만 되었다.

북부에서 남부까지 아메리카
전역에서 '애국' 운동이 거세게
일어났다. 여기저기서 민병대가
만들어져 훈련을 했다.
정치인들은 도시에서 시위를
주도했다. 정보를 공유하고
행동을 통일하기 위해
대책위원회도 만들어졌다.

그리고 아주 재미난 입씨름도 벌어졌다.
우리가 자기네 노예인 줄 아나봐, 그치 샘?
흑인을 등쳐먹고 사는 인간들이 자유를 목청껏 외치니 어처구니가 없네!
영국 작가 새뮤얼 존슨
1774년 각 식민지는 대륙의회에 대표를 빠짐없이 보냈다. 식민지 주민끼리 처음 대면한 자리였다. 그들은 이런저런 문제에 합의하고 내년에 또 모이기로 했다.
저 워싱턴이라는 사람이 단연 돋보이는구만!
외모로 판단하지 맙시다!
두번째 모임을 코앞에 둔 1774년 4월 매사추세츠 콩코드에서 총격전이 벌어졌다.
버지니아 총독이었던 던모어가 영국군 주력 부대가 보스턴에 가 있어서 방어에 어려움을 겪자 반란군의 노예에게 자유를 줄 테니 영국군에 들어오라고 부추긴 것이다.
수천 명의 노예가 영국군의 보호를 기대하고 농장을 등졌다.
당신 영국에 충성할 자신 있어?
당신만 나한테 충성하면!
하지만 던모어가 노골적으로 노예 반란을 부추기니까 더 많은 남부 농장주가 애국주의로 기울었다!
자유와 재산을 지키자!!!
못 말리는 위선자들!

그래서 2차 대륙의회는 이미 전쟁에 돌입한 상태에서 열렸다. 그들에게 필요한 것은 도움과 사령관이었다.
누가 좋을꼬?
사령관으로 추대된 조지 워싱턴은 버지니아 민병대를 이끌고 매사추세츠로 갔다. 워싱턴의 엄격한 군기에 질려서 혁명군이 절반이나 떠났다.
도움은 하필이면 프랑스에서 받았다. 의회는 과학자에다 재치 발랄한 출판인이었던 벤저민 프랭클린을 프랑스로 보내 구걸을 했다.
뭐든지 시켜만 주세요, 딸랑딸랑!
정말 언어 감각이 뛰어나구려!
프랑스는 아메리카 식민지가 영국과 완전히 갈라서서 다시는 꼬리를 치고 추파를 던지지 않는다는 조건으로 지원을 약속했다고 프랭클린은 보고했다.
솔직히 남자한테 선물을 주는 건 지금 사귀는 여자하고 헤어지라는 소리잖아요!
지당하신 말씀!
1776년 중엽 의회는 독립선언문을 발표했다. 내용은 로크의 이론에서 크게 영향을 받았는데 일부 의원은 약간 떨떠름한 표정을 지었다. 선언문을 쓴 토머스 제퍼슨이 수백 명의 노예를 거느린 농장주였던 것이다.
"피지배자의 동의"
"양도할 수 없는 권리"
"생명, 자유"
역시 토머스는 천재라니까!
노예들이 글을 못 읽기에 망정이지…
식민지 지역 의회에서 독립선언서는 잇따라 승인되었다. 때로는 총구를 들이밀기도 했다.
다 여러분 잘 되라고 이러는 거야.

독립선언에 고무되어 프랑스는 반란군에게 폭약을 대기 시작했다. 그래서 전쟁이 계속되면서 식민지 전역으로 퍼졌다. 정규군끼리 전쟁을 벌이는 동안 약탈대는 이쪽저쪽에서 살인을 하고 노략질을 했다. 수많은 피난민이 생겼다.
내 자유!
내 재산!
1778년 프랑스는 육군을 보내 워싱턴 군대를 지원했다. 스페인(1779년)과 네덜란드(1780년)는 영국 편에 섰다. 스페인은 아메리카가 독립하는 것을 달가워하지 않았다.
개구리 튀김 드릴까?
너희까지 덩달아 까불진 마라!
1781년 여름 7800명의 프랑스 군인이 8800명의 아메리카 민병대와 버지니아 요크타운에서 합류했다. 그들은 7000명의 영국군을 포위했고 10월이 되자 영국군은 현명하게 항복했다.

다음 절차는? 영국은 싸움을 할 만한 군사력이 아직 충분했지만
전쟁에 염증을 느낀 영국 여론은 반전으로 기울었다.
1782년 의회는 평화를 선택했다.
염증을 느끼면 영토를 내줘도 되는 거니?
영국 왕 조지 3세
1783년 9월 영국 정부는 아메리카의 테러리스트, 아니 자유의 투사들과 평화협정에 조인했다.
너무나 일방적으로 불리한 내용이라서 화가 난 영국 대표는 그림도 못 그리게 했다.
영국은 캐나다는 지켰지만 사탕수수가 잘 되는 노른자위 섬들은 프랑스에게 내주었다.
지들끼리 잘 먹고 잘 살라 그래!
영국은 아메리카 서부에 대한 영유권도 포기했다. 그곳에 미리 터전을 닦은 사람들은 실망을 금치 못 했다.
식민지들은 하나둘 독립하여 아메리카 국가연합을 결성했다. 일찍이 유럽에서 만들어진 네덜란드 지역연합과 비슷한 발상이었다.
튤립 투기 광풍 같은 것만 조심하면 잘 풀리겠지.

그래서 독립 전쟁이 끝난 뒤 의회는 연합규약을 '수정'하기 위한 위원회를 만들었다.
비밀리에 열린 이 모임에는 아메리카에서도 쟁쟁한 학벌을 가진 부호들도 들어갔다.
위원회는 연합규약을 완전히 폐기하고 영국식 요소를 받아들이기로 했다.

더 정확히 말하면 영국식에다 프랑스인 몽테스키외♪남작의 사상에다 아메리카의 실정을 뒤섞은 것이었다.
법의 정신
그래서 세 부분으로 나뉜 강력한 중앙 정부가 만들어졌다. 입법부는 법을 만들고 행정부는 법을 실천하고 집행하며 사법부는 법을 해석했다.
대통령: 군통수권자이며 행정부를 이끌고 판사들을 임명한다.
의회: 법을 만들고 세금을 매기며 전쟁을 선포한다.
사법부: 갈등을 조정하며 범법자를 처벌한다.
각 부는 다른 두 부와는 독립적으로 굴러간다. 그러니까 다른 두 부에 대한 견제력을 갖는다.
요컨대 정부의 한 부분이 커져서 무소불위의 권력을 휘두르지 못하게 하자는 데 목적이 있었다.
대통령은 군대를 지휘하지만
전쟁은 의회가 선포한다
법은 의회가 통과 시키지만
대통령은 거부권을 행사할 수 있고
의회는 그것을 다시 뒤집을 수 있다
대통령은 판사를 임명하지만
의회의 승인을 받아야 한다
판사는 종신직이지만
의회는 비리를 저지른 판사를 탄핵할 수 있다.
왜 피하실까? 찔리는 거라도 있어요?
몽테스키외 (1689~1755)는 『법의 정신』에서 견제와 균형의 원리로 굴러가는 제도를 소개했지만 왕이 무소불위의 권력을 휘두르는 프랑스에서는 인기가 없었다.
생각은 멋대로 해도 좋은데 주둥아리는 닥치셔!
몽테스키외는 여자의 토지 상속권을 인정하지 않는 프랑스의 법 전통도 비판했다. 프랑스에서는 그래서 여왕이 못 나왔다.
너무한 거 아니오?
반면에 잉글랜드는 여왕을 여섯 명이나 배출했다. 그런데 영국식 제도를 받아들였다는 미국에서 여성 대통령이 한 명도 안 나온 것은 납득이 안 간다.
그래도 FBI 국장은 저희가 한 번 했죠, 호호.

헌법은 자유에 바탕을 둔 공화국 안에 노예제가 있다는 묘한 현실도 고려해야 했다.
이름만 슬쩍 바꿔봐…
북부에서 사는 노예도 있었지만 대부분은 남부에서 살았다. 남부 주민의 절반은 노예였다. 그런데 인구는 북부가 남부보다 훨씬 많았다.
혹시라도 투표로 노예제를 금지시킨다든지 하여 북부가 남부를 엿먹이지 못하게 하려면 어떻게 해야 할까?
노예제는 나라 망신이라니까!
고상한 척은 다해요.
헌법 초안을 만든 사람들은 이렇게 메스꺼운 타협을 했다. 의회 선거와 대통령 선거에서 남부는 투표권을 더 가진다는 것이었다. 노예의 60퍼센트를 '기타 주민'으로 분류해서 주인에게 투표권을 주기로 했다.
희소식! 나더러 너 대신 투표를 하래! 어차피 넌 찍을 사람도 없잖니!
고마워서 눈물이 나오려 하네요. 우린 발바닥이 부르트도록 일이나 할게요.
이런 내용으로 대충 얼버무린 헌법 초안을 의회로 보냈다.
"기타 주민?" 누굴 말하나?

헌법 초안을 놓고 신문을 통해 활발한 논쟁이 벌어졌다. 비판가들은 헌법이 시민을 괴롭힐 수 있는 권력을 정부에게 주었다고 지적했지만 지지자들은 역사와 이성에 근거를 두고 때로는 조롱을 섞어가면서 반론을 폈다.
"권력을 소유한 모든 인간, 모든 인간 집단은 어떻게 해서든 권력을 확대하려고 하고 거기에 걸림돌이 되는 모든 것을 압도하는 우월한 지위를 쟁취하려는 성향을 보인다. 인간의 본성에 뿌리를 둔 이런 기질은 연방법 안에서도 발휘되어서 국가의 권위를 약화시키고 종국적으로는 국가를 무너뜨릴 것이다."
"만약 연방이 해체되었을 경우 각 주들을 전쟁으로 몰아넣을 유발 요인이 무엇이겠느냐고 은근히 자신감을 드러내면서 물어보는 경우가 간혹 있다. 시대는 달라도 이 세상 모든 나라를 유혈극으로 몰아넣었던 그런 유발 요인과 똑같다고 대답하면 완전한 답변이 되지 않을까 모르겠다."
이런 논설을 읽으면 오늘날의 토론 수준이 얼마나 낮아졌는지를 실감한다.
"피고가 건장하고 잘생긴 남자일 경우 여자를 배심원으로 뽑아서는 안 됩니다."
"닥쳐요!"
"무조건 인건비가 싼 나라로 공장을 옮겨야 합니다!"
"그때만 하더라도 우린 그 후보가 호모처럼 반반한 얼굴에 한 입으로 두말하는 그런 사람 정도로만 알았는데 알고 보니 정신병자가 아니겠습니까."
결국 비판가들은 헌법 수정을 요구했다. 독재를 막기 위한 견제 장치가 10조에 걸쳐 마련되었고 각 주는 수정 헌법에 서명했다.
다음!
연방 정부의 힘이 강하지만 각 주는 상당한 자율권을 갖는다. 가령 버몬트 같은 경우에는 주의 지위를 얻더니 모든 공직자는 신교도라야 한다고 못박은 법을 만들었다.
그 법 나 때문에 만든 거지, 그치?
당연하지!
버몬트의 혁명 지도자였던 에단 앨런은 소금 한 가마니를 입으로 번쩍 들어올릴 만큼 장사에다 카리스마가 넘쳤지만 그만큼 견제도 많이 받았다! 그는 강한 주장이 담긴 철학서를 썼는데 이것을 못마땅하게 여긴 사람이 인쇄소를 찾아내서 책을 모두 불살랐다.
소금
확고한 불가지론자였던 앨런은 종교 선서를 한사코 거부했다. 그는 의사당 문밖에 앉아서 버몬트를 이끌었다.
왜 좀 들어와서 깐죽거리시지 않고?
욕 나올까봐 소금 가마니 물고 있어.
소금

이렇게 해서 혁명에 대한 열정과 정치 이론의 뒷받침 아래 새로운 실험이 대대적으로 시작되었다.
거기서 어떤 결과가 나올 것인지 온 세상이 촉각을 곤두세웠다.

# BOOKS, SITES, ETC.

참고문헌 인터넷 사이트 등등

『포토시 이야기 ***Tales of Potosí***』, Bartolome Arzáns de Orsua y Vela 지음, R. C. Padden 엮음, F. M. Lopez-Morillas 옮김, Providence, RI : Brown University Press, 1975. 역작!

『바부르나마 ***The Baburnama***』, Babur 지음, W. M. Thackston 옮김, New York : Oxford U. Press, 1966. 아름다운 삽화가 들어 있는 황제의 회고록.

『네덜란드사와 농민 ***The Pageant of Netherlands History***』, Adriaan J. Barnouw 지음, New York : Longmans, Green, & Co., 1952.

『잉카 이야기 ***Narrative of the Incas***』, Juan de Betanzos 지음, R. Hamilton & D. Buchanan 옮김, Austin, TX : University of Texas Press, 1996.

『네덜란드 민족사 ***History of the People of the Netherlands***』, P. J. Block 지음, O. Bierstadt & R. Putnam 옮김, New York : G. P. Putnam's Sons, 1권, 1898, 2권, 1899, 3권, 1900. 길고 들쭉날쭉하고 군데군데 번역이 부실하다.

『존 로크의 생애 ***The Life of John Locke***』, H. R. F. Bourne 지음, 1, 2권, New York : Harper & Brothers, 1876. 존경심은 느껴지지만 가슴을 치는 내용은 없다.

『네덜란드 해상 제국 ***The Dutch Seaborne Empire*** 1600-1800』, Charles R. Boxer 지음, New York : Alfred A. Knopf, 1965. 본문보다는 서론이 더 뛰어나다는 느낌을 받을 때가 있다.

『포르투갈 해상 제국 ***The Portuguese Seaborne Empire*** 1515-1825』, Charles R. Boxer 지음, New York : Alfred A. Knopf, 1969.

『살바도르 데 사와 브라질 · 앙골라 쟁탈전 ***Salvador de Sa and the Struggle for Brazil and Angola*** 1602-1686』, Charles R. Boxer 지음, London : The Athlone Press of the University of London, 1952. 아주 흥미로운 책. 포토시를 다른 각도에서 보는 재미도 쏠쏠.

『서인도제도사 ***History of the Indies***』, Bartolomé de Las Casas 지음, Andree Collard 옮김, New York : Harper and Row, 1971.

『코로나도 원정기 ***The Journey of Coronado***』, Pedro Castañeda 지음, G. P. Winship 옮김, Readex Microprint Corp., 1966.

『시계와 문화 ***Clocks and Culture*** 1300-1700』, C. M. Cipolla 지음, New York : Walker and Company, 1967. 마테오 리치가 중국에서 시계에 대해서 한 말이 인용되어 있다.

『영국인, 나라 만들어내기 ***Britons, Forging the Nation*** 1707-1837』, L. Colley 지음, New Haven : Yale University Press, 1992. 하버드를 박차고 나온 뛰어난 여성 학자. 너무 잘 쓴다!

『아메리카 1차 항해기 ***Journal of First Voyage to America***』, Christopher Columbus 지음, Freeport, New York : Books for Libraries Press, 1971. 거의 믿지 못할 일을 믿게 한다.

『다섯 통의 편지 *Five Letters*, 1519-1526』, Hernan Cortés 지음, J. B. Morris 옮김, New York : W. W. Norton, 연대 미상. 정복자의 육성으로 듣는 자기 정당화.

『위그노 전쟁 *The Huguenot Wars*』, Julien Coudy 지음, J. Kernan 옮김, Philadelphia : Chilton Book Co., 1969. 손에 땀을 쥐게 하는 일인칭 증언이 많다. 가죽을 삶아 먹는 조리법도 나와 있으니 혹시 나중에 포위당했을 때 써먹으시길.

『아스텍인 *The Aztecs*』, Norman, Nigel Davies 지음, OK : University of Oklahoma Press, 1980. 전체 그림을 잘 보여주면서도 논증이 탄탄한 역사서.

『포르투갈 제국의 기초 *Foundations of the Portuguese Empire*, 1415-1580』, B. W. Diffie & G. D. Winius 지음, Minneapolis : University of Minnesota Press. 두 저자의 시각이 서로 꼭 맞아떨어지지는 않는다.

『포르투갈 이야기 : 탐험과 발견의 3세기 *The Portugal Story : Three Centuries of Exploration and Discovery*』, John Dos Passos 지음, Garden City, New York : Doubleday, 1969. 이 시기에 포르투갈어로 쓰인 많은 기록을 잘 정리했다.

『마야 왕들의 잃어버린 이야기 *The Lost Chronicles of the Maya Kings*』, David Drew 지음, Berkeley : University of California Press, 1999.

『콜럼버스 이전의 예술 *Pre-Columbian Art*』, Michael Grey 지음, New York : St. Martin's Press, 1978. 세계 박물관을 모두 돌아다닐 시간이 없거든 이 책을 읽어보시길!

『정복 그림 *Painting the Conquest*』, Serge Gruzinski 지음, D. Dusenberre 옮김, Paris : Flammarion/Unesco, 1992. 매혹적인 그림이 한가득 있고 멕시코의 전통 기록 중에서 콜럼버스 이후에도 살아남은 글이 군데군데 실려 있다.

『노예무역을 지탱한 껍데기 돈 *The Shell Money of the Slave Trade*』, Jan Hogendorn & Marion Johnson 지음, Cambridge, UK. : The Cambridge University Press, 1986. '가까이에서 보면 별 볼일 없는 작은 골뱅이' 껍질의 그동안 별로 안 알려진 무역을 치밀하게 파헤친 훌륭한 책.

『천문학 *Astronomy*』, Fred Hoyle 지음, New York : Doubleday, 1962. 코페르니쿠스가 실제로 한 일을 어느 누구보다도 알기 쉽게 해설한 책. 하지만 프톨레마이오스에 관한 부분은 약간 어지럽다.

『1585년의 아메리카, 존 화이트 화집 *America 1585, the Complete Drawings of John White*』, Paul Hulton 지음, Chapel Hill : University of North Carolina Press, 1984. 처음 버지니아에 간 식민단 중에는 이 뛰어난 수채화가도 들어가 있었다.

『프랜시스 드레이크 경, 여왕의 해적 *Sir Francis Drake, the Queen's Pirate*』, Harry Kelsey 지음, New Haven : Yale University Press, 1998. 불세출의 영웅을 구제 불능의 악당으로 그린다.

『스페인령 페루 ***Spanish Peru***, 1532-1560』, James Lockhart 지음, Madison, Wisconsin : University of Wisconsin Press, 1968.
분석력이 돋보이는 이 분야의 전문가.

『군주론과 담론 ***The Prince and the Discourses***』, N. Machiavelli 지음,
New York : Modern Library, 1950. 배꼽 빠질 만큼 재미있다.

『기니 황금 왕국의 어제와 오늘 ***Description and Historical Account of the Gold Kingdom of Guinea***(1602)』, Pietr de Marees 지음, A. van Dantzig & A. Jones 옮김,
Oxford : Oxford University Press, 1987. 아프리카 현지까지 날아간 네덜란드인 저자는 포르투갈인에 대해서 좋게 쓸 소재를 못 찾아낸다.

『예수회 ***The Jesuits***』, David Mitchell 지음, New York : Franklin Watts, 1981.

『법의 정신 ***The Sprit of the Laws***』, Montesquieu 지음, Cambridge, England : Cambridge U. Press, 1989. 형언할 수 없는 학문의 본질적 의미를 담고 있다.

『북아메리카의 프랑스와 잉글랜드 ***France and England in North America***』,
Francis Parkman 지음, 1-2권, New York, Library of America, 1983.
분량은 3000쪽으로 두껍지만 읽으면 피가 되고 살이 된다.

『페루 왕국 발견 정복 전말기 ***Relation of the Discovery and Conquest of the Kingdoms of Peru***』,
Pedro Pizarro 지음, 1권,
P. A. Means 옮김, New York : Cortes Society, 1921. 정복자의 사촌이 쓴 책.

『멕시코 정복사와 페루 정복사 ***History of the Conquest of Mexico and History of the Conquest of Peru***』,
William H. Prescott 지음, New York : Modern Library, 연대 미상.
자세하지만 치우쳐 있다.

『가르강튀아와 팡타그뤼엘 ***The Histories of Gargantua and Pantagruel***』,
F. Rabelais 지음, Baltimore, MD : Penguin Books, 1967.

『멘도사 사본, 아스텍 문서 ***Codex Mendoza, Aztec Manuscript***』,
Kurt Ross 엮음, Miller Graphics, 연대 출판지 미상.
정복자의 손에 불살라지지 않고 남은 몇 안 되는 멕시코 책의 한 권을 일별한다.

『페루 정복담 ***An Account of the Conquest of Peru***』, Pedro Sancho 지음, P. A. Means 옮김,
New York : Cortes Society, 1917. 피사로의 비서가 쓴 책.

『곤혹스러운 재물 ***The Embarrassment of Riches***』, S. Schama 지음,
New York : Vintage Books, 1997. 아주 감칠맛이 있지만 역사적 배경을 모르는 사람에게는 책의 구성이 좀 어지럽게 보일 수 있다.

『험난한 역정 ***Rough Crossings***』, S. Schama 지음, New York : HarperCollins, 2006.
독립 전쟁기에 주인한테서 도망친 노예들의 가슴 뭉클한 이야기를 자세히 들려준다.

『연합네덜란드의 반란 ***The Revolt of the United Netherlands***』, F. Schiller 지음,
A. J. A. Morrison & L. D. Schmitz 옮김, London : George Bell & Sons, 1897.
가슴은 뜨겁지만 내용은 부실.

『스페인 정복 전야의 아스텍 일상생활 ***Daily Life of the Aztecs on the Eve of the Spanish Conquest***』, Jacques Soustelle 지음,
P. O'brian 옮김, Stanford, CA : Stanford University Press, 1961.
연민이 묻어나오는 자세한 이야기. 어쩌면 연민이 지나친 듯한 느낌도.

『정복, 몬테수마, 코르테스, 늙은 멕시코의 함락 ***Conquest, Montezuma, Cortes, and Fall of Old Mexico***』, Hugh Thomas 지음,
New York : Simon & Schuster, 1993. 흡인력 있는 문체에
균형 잡힌 판단력이 돋보이는 책.

『노예무역 ***The Slave Trade***』, Hugh Thomas 지음,
New York : Simon and Schuster, 1997.

『잉카인 ***The Incas***』, Garcilaso de la Vega 지음, Maria Jolas 옮김, New York : Avon, 1961.
스페인어로 교육을 받은 잉카인이 정복이 이루어지고 나서 살아남은 친척들을 만나보고 적은 둘도 없는 역사 기록.
저자는 세르반테스가 등장하기 전까지 스페인 최고의 작가로 손꼽혔다.

『30년 전쟁 ***The Thirty Years War***』, C. V. Wedgewood 지음, Gloucester, MA : Peter Smith, Inc., 1969.
전쟁의 지루한 교착 상태와 끔찍한 살상극을 자세히 그린다. 1930년대에 씌어졌으니까 성격적으로 비슷한
1차 세계대전을 다분히 염두에 두었을 듯.

●

이 책을 쓰면서 어느 때보다 인터넷에서 많은 도움을 얻었다. 모든 출처를 다 밝힌다는 것은 불가능하므로 다만 자료 검색을 지혜롭게 하면서
자료의 신뢰도를 꼼꼼히 비교해보라는 원칙만 밝힌다. 특히 도움이 되었던 사이트는 다음과 같다.

**Ālvar Nūñez Cabeza de Vaca**, http://ojinaga.com/cabeza/ 이 모험가의 일기를 모두 번역해놓았다.

**Laurence Hutton Collection of Life and Death Masks**, http://libweb.prineton.edu/libraries/firestone/rbsc/aids/C0770
/index.html/ 실존했던 인물의 실제 얼굴!!! 크롬웰, 엘리자베스 1세 등. 검색을 하면 더 많은 자료가 나온다.

**The MacTutor History of Mathematics**, http://turnbull.mcs.st-and.ac.uk/history/ 유명한 수학자의 전기가 링크되어 있다.

**Wikipedia**, http://en.wikipedia.org/ 훌륭한 이미지 자료와 논문이 많다. 다른 언어로도 검색을 해보라.
가령 프랑스어로 프랑스사를 찾아본다든가.

# 옮긴이의 말

래리 고닉의 『세상에서 가장 재미있는 세계사』 4권은 1500년 전후로 유럽인이 신대륙을 발견하고 아메리카에 뿌리를 내린 개척민들이 영국으로부터 독립하는 1700년대 후반까지의 근대사를 다룬다. 세계사를 서양 중심의 시각에서 벗어나 최대한 비서양인의 입장에서 바라보려는 태도는 3권까지 일관되게 유지해온 저자의 관점이지만 이 4권에서 그 노력이 더욱 빛난다.

아스텍이나 마야, 잉카 제국은 콜럼버스나 코르테스 같은 모험가와 정복자가 있기 전에도 엄연히 자기들의 전통을 지니고 살아온 인간 공동체였다는 새삼스러운 사실을, 독자는 래리 고닉의 이 지역 역사와 정치, 사회 현실에 대한 친절한 설명에서 깨닫는다. 이 변방 지역의 역사를 래리 고닉만큼 꼼꼼하고 실감나게 쓴 세계사 책은 적어도 내가 알기로는 없다. 그것은 분량에서도 드러난다. 아메리카 대륙에서 벌어진 이야기가 이 4권 전체 분량의 3분의 1 가까이를 차지한다. 신대륙 말고도 인도에서 무굴 제국을 세운 아프가니스탄의 이슬람교도 이야기, 이슬람교와 힌두교의 융화를 위해 노력한 시크교 이야기, 세계 일주에 처음 성공한 사람은 서양인이 아니라 백인에게 노예로 팔려 인도를 거쳐 포르투갈까지 갔다가 거기서 다시 스페인 배를 타고 아메리카를 거쳐 필리핀으로 되돌아간 한 필리핀 원주민이었다는 이야기 등 보통의 세계사에서는 접하기 힘든 이야기가 하나 둘이 아니다.

래리 고닉은 서양 중심적 관점에서만 벗어나려고 노력한 것이 아니다. 같은 서양 안에서도 흔히 앵글로색슨이라고 말하는 미국이나 영국의 일방적 시각에서 역사를 보지 않으려고 노력한다. 그래서 포르투갈이 1400년대 초반부터 아프리카 해안선을 누비고 다닌 이야기, 네덜란드가 오랫동안 스페인의 식민지였던 상처를 딛고 특유의 관용주의와 협동심으로 세계 무역의 강자로 솟아오른 이야기, 아메리카를 먼저 적극적으로 개척하고 인디언과 훨씬 폭넓게 교류한 나라는 영국이 아니라 프랑스였다는 이야기, 해가 지지

않는 제국을 건설했다고 자랑하던 영국도 1500년대 초반에는 주로 스페인이나 네덜란드 무역선을 좀도둑처럼 약탈하면서 연명했다는, 앵글로색슨 중심의 세계사에서는 보기 힘든 이야기가 풍성하게 실려 있다.

근대로 내려올수록 역사는 정리하기가 간단치가 않다. 한 나라의 역사도 그런데 하물며 세계사임에랴! 알려진 사건들도 고대나 중세보다 훨씬 많은 데다가 대항해 시대 이후로 전 세계가 배를 통해 연결된 이후로는, 뉴욕에서 나비 한 마리의 날갯짓이 태평양 건너에서 폭풍을 일으킨다는 정도는 아니더라도, 복잡한 인과관계의 사슬로 얽히고설켜 있게 마련이다. 보통의 역사가는 아무리 세계사라 하더라도 국경선에 가로막혀서 그 인과의 고리를 추적하는 시늉만 낸다. 그러나 래리 고닉은 끝까지 추적하여 기어이 역사의 실타래를 풀어내고 밝혀낸다.

스페인이 서쪽으로 항해하여 아메리카 대륙을 발견한 데 자극을 받은 포르투갈이 동쪽으로 뱃길을 몰아 인도에 먼저 닿고 거기서 향신료 무역을 어떻게 독점했는지, 그러자 육로 무역을 독점해온 이집트가 얼마나 큰 타격을 받았는지, 이집트 경제가 무너지면서 수백 년 동안 이집트와 교역을 해온 이탈리아 경제도 얼마나 흔들렸는지, 그리고 그런 타격을 만회하기 위해서 교황청이 유럽 전역에서 줄어든 수입을 늘이기 위해 면죄부 판매를 비롯하여 얼마나 무리수를 두었는지, 거기에 반발한 마르틴 루터 같은 사람들이 어떻게 종교개혁을 부르짖으면서 들고일어났는지를 일목요연하게 보여준다.

이 책은 흥미로운 일화가 듬뿍 담겨 있지만 결코 산만하지 않으며 논리정연하다. 전체를 꿰뚫는 통찰력이 없으면 이렇게 재미있으면서도 깊이 있는 역사 만화책은 쓰기 어렵다. 1400년대 후반에서 1700년대 후반까지 무려 300년 동안 동서양에서 일어난 중요한 사건들을 유익하면서도 흥미로운 줄거리로 한 권의 책에 담아낼 수 있는 사람이 역사가와 만화가를 통틀어 래리 고닉 말고 또 있을까?

그의 빛나는 통찰력은 어쩌면 만화를 그리면서 자연스럽게 터득한 능력인지도 모른다. 몇백 마디 말로도 미처 설명하지 못하는 복잡한 상황을 한눈에 보여주는 것이 그림의 힘이다. 간결한 선에 의존하는 만화는 일반 회화보다 더 강도 높은 압축력을 필요로 한다. 래리 고닉은 뛰어난 만화가답게 어떤 대상의 핵심만 포착하여 드러내는 힘이 남다르다. 거기다가 대학에서는 수학이라는 가장 엄밀하고 추상도가 높은 공부를 했으니 복잡한 상황을 명쾌하게 분석하고 간추리는 능력을 이중으로 터득한 셈이라고나 할까.

그러나 래리 고닉이 어떤 학자보다도 뛰어난 세계사 이야기를 그릴 수 있었던 것은 이런 분석력과 추상력에 앞서서 무엇보다도 다양한 자료를 섭렵하는 성실함과 부지런함이 뒷받침되었기 때문일 것이다. 그것은 참고문헌만 보아도 알 수 있다. 모두 그의 모국어인 영어로 쓰인 자료이긴 하지만 그중에는 포르투갈어, 스페인어, 프랑스어, 네덜란드어로 된 원전을 영어로 번역한 책이 적지 않다. 균형 잡힌 시각을 갖기 위해 작가가 얼마나 문헌 수집에 신경 썼는지를 엿볼 수 있는 대목이다.

1권부터 3권까지 읽은 독자들은 익히 알고 있겠지만 래리 고닉은 배꼽 잡는 익살을 능수능란하게 구사하는 유머의 대가다. 그의 탁월한 유머 감각은 4권에서도 유감없이 발휘된다. 내용은 진지한 역사 이야기인데 툭툭 튀어나오는 대사와 지문은 사람을 그야말로 포복절도하게 만든다. 나는 어떻게 하면 원문의 익살을 살려낼 수 있을까 나름대로 고민을 했지만 그 절묘한 한 단어, 한 문장을 만들어내기 위해서 들인 저자의 정성과 시간에 비하면 아무것도 아니다.

역사는 많이 알면 알수록 실생활에 도움이 된다. 역사를 많이 아는 사람은 이야기도 잘한다. 역사와 이야기는 따로 노는 것이 아니다. 독일어 Geschichte, 프랑스어 histoire는 모두 역사라는 뜻과 이야기라는 뜻이 있다. 영어 history와 story는 어원이 같다. 역사를 많이 아는 사람은 적어도 화젯거리가 없어서 고민하지는 않는다. 역사 감각이 있는 사람은 글도 잘 쓴다. 어떤 대상에 대해서 글을 쓸 때 단순히 지금의 상황만 쓰는 것이 아니라 지금의 상황을 낳은 역사적 배경까지도 짚고 넘어간다. 훨씬 깊이 있는 분석과 판단이 나올 수밖에 없다. 래리 고닉의 책은 이렇게 귀중한 가치를 지닌 역사의 세계로 부담 없이 발을 내딛고 싶어 하는 이들에게 소중한 길잡이 역할을 해줄 것이라고 자신 있게 밝힌다.

2007년 7월

이희재

## 세상에서 가장 재미있는 세계사 4

1판 1쇄 펴냄 2007년 7월 20일
2판 1쇄 찍음 2022년 11월 10일
2판 1쇄 펴냄 2022년 12월 1일

**글·그림** 래리 고닉
**옮긴이** 이희재

**주간** 김현숙 | **편집** 김주희, 이나연
**디자인** 이현정, 전미혜
**영업·제작** 백국현 | **관리** 오유나

**펴낸곳** 궁리출판 | **펴낸이** 이갑수

**등록** 1999년 3월 29일 제300-2004-162호
**주소** 10881 경기도 파주시 회동길 325-12
**전화** 031-955-9818 | **팩스** 031-955-9848
**홈페이지** www.kungree.com
**전자우편** kungree@kungree.com
**페이스북** /kungreepress | **트위터** @kungreepress
**인스타그램** /kungree_press



ISBN 978-89-5820-802-0 07900
ISBN 978-89-5820-804-4 (세트)

책값은 뒤표지에 있습니다.
파본은 구입하신 서점에서 바꾸어 드립니다.